PETER HAHNE

Ist das euer Ernst?!

Peter Hahne

Ist das euer Ernst?!

Aufstand gegen
Idiotie und Ideologie

QUADRIGA

Die Bastei Lübbe AG verfolgt eine nachhaltige Buchproduktion. Wir verwenden Papiere aus nachhaltiger Forstwirtschaft und verzichten darauf, Bücher einzeln in Folie zu verpacken. Wir stellen unsere Bücher in Deutschland und Europa (EU) her und arbeiten mit den Druckereien kontinuierlich an einer positiven Ökobilanz.

NACHHALTIG PRODUZIERT

MIX
Papier | Fördert
gute Waldnutzung
FSC® C014496

Originalausgabe

Copyright © 2024 by
Bastei Lübbe AG, Schanzenstraße 6–20, 51063 Köln

Vervielfältigungen dieses Werkes für das
Text- und Data-Mining bleiben vorbehalten.

Umschlaggestaltung: Massimo Peter-Bille unter Verwendung
eines Motivs von © Olivier Favre, Odenthal
Satz: fuxbux, Berlin
Gesetzt aus der Proforma
Druck und Verarbeitung: GGP Media GmbH, Pößneck

Printed in Germany
ISBN 978-3-86995-141-6

6   5   4

Sie finden uns im Internet unter quadriga-verlag.de
Bitte beachten Sie auch: lesejury.de

Inhalt

Aufstand gegen Schwurbelei und Fakenews

Man wundert sich, dass unsere Politiker, Medienleute oder Kirchenvertreter noch ruhig schlafen können. Entweder sind sie total verblödet oder ignorant. Sorry! Ihnen scheint ihre wahre Lage völlig gleichgültig zu sein. Solange der Rubel rollt und das (Meinungs-)Monopol gesichert ist. Wäre ich noch in aktiver Medienverantwortung, hätte ich keine ruhige Nacht mehr. Ich müsste rund um die Uhr für die Reputation meiner Arbeit und meines Berufsstandes kämpfen.

Noch nie waren die tragenden Säulen unseres Staates so in der Kritik wie heute. Ganz gleich, welches Meinungsforschungsinstitut die Umfragen durchführt: *Alle* haben dieselbe Botschaft für Presse und Politik, und das schon seit Jahren: Rund drei Viertel der Bevölkerung hat demnach keinerlei Vertrauen mehr in die Politik, die Medien, die Kirchen und die Gewerkschaften. Und was fast noch schlimmer ist: auch nicht in die Polizei und die Gerichtsbarkeit.

Laut einer *INSA*-Umfrage von Ende 2023 haben 69 Prozent der Deutschen Angst um die Zukunft unseres Landes. Mehr als zwei Drittel! Angst! Für 73 Prozent ist die Massenzuwanderung das wahlentscheidende Thema. Der AfD trauen 33 Prozent zu, den Zustrom zu stoppen, der CDU oder der SPD trauen dies aber nur neun Prozent zu. Eine Bankrotterklärung ohne Beispiel für die Kräfte, die seit Jahrzehnten in Deutschland das Sagen haben.

Laut *FORSA* sehen nur noch acht Prozent Deutschland auf einem guten Weg. Satte 92 Prozent sind gegenteiliger Meinung. Ein Desaster für alle, die seit 2015 in Regierungsverantwortung sind. Ich begreife nicht, wie das noch einen Politiker, Journalisten, Lehrer oder Pfarrer auf dem Stuhl halten kann. Glaubt ihr wirklich, ihr könntet das einfach ignorieren und aussitzen? So tun, als wäre nichts? Augen zu und rein in den politischen, wirtschaftlichen und moralischen Absturz? Wir stehen doch erst nur nahe dem Abgrund; aber morgen sind wir einen entscheidenden Schritt weiter. Mit uns geht die neue Zeit. Vorwärts immer, rückwärts nimmer.

Nirgends zeigt sich die fatale Kombination von Idiotie und Ideologie, von Ignoranz und Arroganz katastrophaler als im Leugnen der Realität und Negieren der Wahrheit. Glaubt man, die Leute halten ewig still?! Bertolt Brecht schreibt: »Wer die Wahrheit nicht weiß, der ist bloß ein Dummkopf. Aber wer sie weiß und sie eine Lüge nennt, der ist ein Verbrecher.« Und von Jesus Christus wissen wir, wie es seit 1457 an der Fassade der Universität Freiburg eingemeißelt steht: »Die Wahrheit wird euch frei machen.« Gemeint ist: *nur* die Wahrheit. Nichts als die Wahrheit.

Noch nie bewerteten junge Menschen ihre Zukunftsaussichten so pessimistisch. Immer weniger erwarten für sich eine gute Zukunft. Die einen gehen nach abgebrochenen Studien oder gescheiterten Lebensentwürfen in die Politik oder den Journalismus, die anderen, gut Gebildeten, sitzen auf gepackten Koffern und wollen auswandern. Diese Zahlen beweisen, dass sich Regierende und Regierte in Lichtgeschwindigkeit voneinander entfernen. Staatstheoretisch ist das ein Untergangsszenario. Motto: Wer zu spät kommt, den bestraft der Wähler. Das Land geht vor die Hunde, doch danach kräht kein Hahn. Ist also alles für die Katz?

Die Gründe für den dramatischen Vertrauensverlust lassen sich für jeden vorurteilsfreien Beobachter leicht benennen: Die Bürger haben kein Vertrauen mehr, weil die Probleme nicht gelöst, sondern stattdessen die Bürger gegängelt, bevormundet, übergangen, nicht ernst genommen und ignoriert werden. Ein Gouvernanten-Staat, der uns vorschreibt, was wir zu essen, wie wir zu wohnen, wie wir zu heizen und wie wir uns fortzubewegen haben, aber aufgrund der Einflüsterungen einer LGBTQ-Sekte jedem Vierzehnjährigen gesetzlich »erlauben« will, sein Geschlecht ohne Rücksicht auf körperliche Befunde zu »wählen«, leidet so offensichtlich unter Realitätsverlust, dass es grob fahrlässig wäre, ihm zu vertrauen.

Die Bürger glauben den Institutionen nicht mehr. Wahrheit ist die Grundvoraussetzung für Vertrauen. Statt Fakten bekommen wir heute »Haltung« serviert, statt Information Ideologie, statt Kompetenz Idiotie. Wolfgang Schäuble sagte vor Jahren in meiner ZDF-Sendung: »Als Politiker muss ich bei allen Entscheidungen fragen: Wie viel Toleranz verträgt ein Volk?« Und diese »Toleranz« wird jetzt gnadenlos überzogen und überfordert. Kein Wunder also, dass die Umfragen so sind, wie sie sind. Dass die Straßen und Hallen bei Protesten und Demonstrationen überfüllt sind. Das Volk lässt es sich nicht mehr gefallen, wenn es im Ton von Kaiser Wilhelm oder Erich Honecker gesagt bekommt: »Wir schaffen das.« Wer ist wir?

Warum kein Vertrauen? Weil niemand mehr Verantwortung übernimmt! Wo sind denn zum Beispiel ehrliche Untersuchungen, Schuldeingeständnisse und die Wiedergutmachung in Sachen Corona-Maßnahmen, »Impf«-Hauptwirkungen oder hinsichtlich der Fehlentscheidungen in der Migrations- oder Energiepolitik? Wo wird Volkes Stimme beim Gendern, bei Gewalt und Kriminalität auf den Straßen oder dem pädagogischen Angriff auf unsere Kinder gehört? Kinder, die mit Ideologie zwangsbeglückt und um Bildung betrogen, also bewusst zu Idioten gemacht werden. Was für ein Land, in dem einem alles diktiert wird, aber Kinder entscheiden sollen, welches Geschlecht ihnen gerade das liebste ist. Irre!

Wegen einer »stärkeren Grippe« (WHO) haben Staat und Kirche Millionen unschuldiger Menschen über Jahre in Einsamkeit und Depression gestürzt. Ein Verbrechen! Der renommierte Labormediziner Prof. Paul Cullen meinte im *Kontrafunk*, eine Aufklärung sei »für die politische Hygiene Deutschlands« unumgänglich: »Wenn die Regierung einen solchen Druck beim Maskentragen und Impfen aufbaut, musste sie sich hundert Prozent sicher sein.« Und das konnte sie gar nicht sein.

Statt dass endlich bei den Tätern die Handschellen klicken, beschert uns die Bundesregierung zu Weihnachten 2023 »111 Maßnahmen gegen die Einsamkeit«. Unfassbar! Natürlich mit Euro-Milliarden. Moderner Ablasshandel und Flucht aus der Verantwortung.

Wann werden verleumdete und verteufelte, um Beruf und Ansehen gebrachte Kritiker endlich entschädigt und rehabilitiert? Das bewegt die Menschen. Und nicht, welche Armbinde Fußballmannschaften tragen sollen, wie viel Sternchen in Texten stehen oder welcher Ernährungs-Wahn gerade regierungsamtlich angesagt ist. Nebenbei: Als Rudi Völler, Kritiker dieses Armbinden-Wahnsinns, das Ruder bei »unserer Nationalmannschaft«, wie er sie richtig nennt, Mitte 2023 übernahm, konnte man plötzlich wieder siegen ...

Deutlichste Botschaft aus allen Umfragen: Das Volk fühlt sich verachtet. Und zwar gründlich. Paradebeispiel: die »Warnhinweise« bei TV-Sendungen von Otto, Harald Schmidt oder Heino. Dass inzwischen traditionelle Märchen oder gar die Bibel umgeschrieben werden, stößt auf wenig Verständnis. Nebenbei: An den Koran wagt sich keiner. Komisch. Über neunzig Prozent wollen diesen Irrsinn nicht, aber Politik, Medien und natürlich die Kirchen (wie so oft auf Seiten der Herrschenden) impfen uns dieses geistige Gift in Überdosis und scheren sich einen Dreck um Meinungsfreiheit oder das Grundgesetz. Kritiker von links werden genauso gnadenlos zum Schweigen gebracht wie die Konservativen.

Burkhard Müller-Ullrich, Gründer des Erfolgsradios *Kontrafunk*, spricht in seinem Buch *Medienmärchen* von »Gesinnungstätern im Journalismus«. Fehlleistungen und Systemversagen als »neue Normalität«. Die Grundfrage sei: Wem vertraue ich? Am besten nehme man von allem, was man hört und sieht, erst mal das Gegenteil an, »dann liegen Sie ungefähr richtig«.

Neulich sprach mich jemand im Zug an: »Herr Hahne, erfinden Sie in Ihrem neuen Buch bitte neue ›Verschwörungstheorien‹. Die alten haben sich inzwischen alle bewahrheitet.« Die schwurbelnden Verfassungsschützer wittern überall Staatsfeinde – von der demonstrierenden schwäbischen Hausfrau bis zum kritischen Star-Virologen. Mit Steuergeldern wurde sogar ein Verein gegründet: »Veritas (Wahrheit!) – Beratungsstelle für Betroffene von Verschwörungserzählungen«. Hier empfiehlt ein vom Staat bezahlter »Berater«, Bekannte und Verwandte mit »falscher« Meinung wie debile Therapiebedürftige zu behandeln. Das *ZDF* machte mit ihm kurz vor dem weihnachtlichen Familienfest ein Interview: »Was tun, wenn Opa schwurbelt?« Diese Hetze gegen Andersdenkende ist jedoch selbst paranoid. Normaler Widerspruch gilt also als Gefahr für die Demokratie. Wehret den Anfängen!

Die Bürger ertragen die Lügen und die Bevormundung durch die Regierungen, die Parlamente, des öffentlich-rechtlichen Rundfunks und die Redaktionen großer Medienhäuser nicht länger. »Dafür bin ich 1989 nicht unter Lebensgefahr auf die Straße gegangen«, sagen gerade die Bürger in der ehemaligen DDR. Meine Güte, das muss einen doch umtreiben. Ferdinand Lassalle, einer der Gründerväter der SPD: »Alle große politische Aktion besteht in dem Aussprechen dessen, was ist, und beginnt damit. Alle politische Kleingeisterei besteht in dem Verschweigen und Bemänteln dessen, was ist.« Heutige SPD-Ideologen haben diese Einsicht längst in den Wind geschlagen und ihre Volkspartei zur Splitterpartei zerstört.

Kein Vertrauen auch deshalb, weil Heuchelei und Doppelmoral an der Tagesordnung sind. Ein Staatsoberhaupt, das sich ohne Maske im Zug ablichten lässt, während die Oma, die dasselbe tut, abgeführt wird. Oder die Jünger der

Klimareligion, die wie die EU-Kommissionspräsidentin Ursula von der Leyen (CDU) nicht weniger als 57-mal mit dem Privatjet ertappt wird. Oder Journalisten, die sich von denselben Politikern für Moderationen bezahlen lassen, über die sie anschließend berichten müssen. Oder die Seilschaften im Wirtschaftsministerium, das besser Vetternwirtschafts-Ministerium heißen sollte, bei denen Spitzenbeamte so tun, als ob sie ihre eigenen Trauzeugen nicht kennen. Die Liste wäre Buch füllend!

Wie kann es sein, dass es einem freiheitlichen Staat gelingt, ein System von Denunzianten zu etablieren? Erst Corona, jetzt Klima: »Sie müssen Ihrem Nachbarn helfen, sich richtig zu verhalten ...« Der Meinungs-Blockwart und die Sprachpolizei als fünfte Gewalt. Das haben die Bürger genauso satt wie eine Lücken-Presse, die bestimmte Informationen zurückhält und Sachverhalte verschweigt.

Darauf muss man reagieren. Ich bin weder Pessimist noch Optimist. Ich bin Realist. Und das ließ mich zu Neujahr 2023 sagen: Wir, das heißt die Kritiker, die den Mund aufmachen und sich nicht länger belügen lassen, werden nicht weniger, sondern mehr. Und genauso ist es gekommen. Demokratischer Widerstand ist mächtiger als betreutes Denken und ideologischer Mainstream. Die Opposition in ihrem Lauf ... können auch Ochs und Esel in manchen Institutionen nicht aufhalten. »Anmaßung ist der Kopf der Schlange«, meinte Martin Luther. Man bringt sie allein durch die Wahrheit zu Fall.

Demokratischer, friedlicher Widerstand zahlt sich aus. Man kann etwas bewegen, wenn man nur will. Das ist doch angeblich das Ziel der kirchen- und regierungsamtlich unterstützten Klima-Demos. Das wird doch allenthalben gefordert und gefördert. Von diesem Recht Gebrauch zu machen ist doch Bürgerpflicht, oder?! Und dann von Leuten, die mit ihren Aktionen keinen einzigen Rettungseinsatz blockieren.

Unsere Regierungen in Berlin und in den Bundesländern sollten dankbar sein, wie ruhig das (im Vergleich zu anderen europäischen Ländern wie zum Beispiel Frankreich) alles verläuft. Richtig wach scheinen nur die Bauern zu sein. Deshalb zeugt es nicht von besonderer Wachsamkeit oder Klugheit, sondern von völliger Geschichtsvergessenheit und bewusster Fälschung, wenn dieser demokratische, friedliche und wohlbegründete Widerstand ständig öffentlich diffamiert und diskreditiert wird, wie das bis in höchste Staatsämter unverhohlen geschieht. Und damit zu provozieren. Oder soll das etwa nur für solche Aktionen gelten, die wie ein Hofstaat applaudieren, die herrschende Politik bejubeln und kritiklos feiern? Das ist doch nicht euer Ernst, oder?! Den Ikonen des Schwachsinns gehört der Weihrauch entzogen. Die Berühmtheit mancher Zeitgenossen hängt jedoch auch mit der Blödheit ihrer Bewunderer zusammen. Allein die lassen sich von der Scholz'schen Neujahrsansprache 2023/24 beeindrucken, als er völlig emotionslos, ja gelangweilt dozierte: »Wir brauchen keine Angst vor der Zukunft zu haben.« Angst, die doch seine Regierung erst verursacht und provoziert.

Nein, wir brauchen gegen die Pandemie der Panik und das Virus der Angst Hoffnungsträger, keine Bedenkenträger. Mutmacher, keine Panikmacher. Unternehmer, keine Unterlasser. Leute, die mit anpacken, die Gesicht zeigen.

Die Haltung bewahren. »Demokratie leben!« – diesem Aufruf der deutschen Regierung folgen immer mehr, gehen auf die Straße oder an die Wahlurne. Melden Protest an gegen den verordneten Mainstream. Wider Fakenews über Corona, Klima oder Migration. Wider die regierungsamtlichen Schwurbeleien und Verschwörungspraktiken. Die Demokratie hat erst dann verloren, wenn Demokraten aufgeben. »Jeder ist für seine Dummheit selbst verantwortlich.« (Dietrich Bonhoeffer)

»An allem Unfug, der passiert, sind nicht nur die schuld, die ihn begehen, sondern auch diejenigen, die ihn nicht verhindern.« (Erich Kästner) Ein mittelständischer deutscher Unternehmer hat ein Plakat an der Fassade seines Betriebs angebracht: »Wenn ein Clown in einen Palast einzieht, wird der Clown kein König, sondern der Palast wird zum Zirkus.« Es wird Zeit, den Zirkus zu beenden und die Manege freizugeben für lebenserfahrene Demokraten jenseits von Ideologie und Idiotie.

Von Bärenjagd und Sprachpazifismus

Ein Drama im berühmten Banff-Nationalpark in Kanada. Ich war schon ein paarmal dort, um (natürlich aus der Ferne) echte Grizzlybären in freier Natur zu sehen. Vier Millionen Besucher kommen dafür jährlich nach Alberta. Überall Warnschilder. Nirgends soll man Essensreste liegen lassen. Immer auf der Hut sein. Ich hatte doppeltes Glück: Ich habe Bären gesehen und bin nie angegriffen worden.

Anders im Herbst 2023 dieses Paar. Die letzte Nachricht vor ihrem Tod enthielt nur drei Wörter: »Bear attack bad«, zu Deutsch: »Bärenangriff schlimm«. Den Text haben die beiden an ihre Familie und an die Notrufzentrale gesendet. Doch für sie kommt jede Hilfe zu spät. Das Paar muss mit dem Grizzly gekämpft haben, glauben die Einsatzkräfte. Denn auf dem Zeltplatz sind Kampfspuren und ein leeres Bärenabwehr-Spray zu sehen, schreibt *The Guardian*. Doch weder das Spray noch der SOS-Notruf konnten sie retten. Der Bär tötet das Paar und ihren Hund, einen Border Collie.

Als das Interventionsteam von »Parcs Canada« dem Paar zu Hilfe eilen will, wird es ebenfalls von dem Bären angegriffen. Um sich selbst zu schützen, haben sie den aggressiven Grizzlybären erschossen. Die kanadischen Zeitungen beschreiben den Bären als »aggressiv dem Menschen gegenüber«, worauf die eintreffenden Rettungskräfte ihn »destroyed« (erlegt) hätten. Man kann auch sagen: abgeknallt, zerstört, vernichtet.

Doch was macht die *FAZ* daraus? Sie spricht von »einschläfern«. Wobei die ahnungslose deutsche Leserschaft dabei sicher an einen gnädigen Piks aus dem Betäubungsgewehr oder vielleicht ein Schlafmittel im Futter denkt. Irgendwelche Szenen aus herzzerreißenden TV-Serien. Also ein schöner, sanfter Tod. Artgerecht und nachhaltig. Ein friedlicher Übergang in die ewigen Jagdgründe. Es heißt ja auch nicht mehr »Hai-Angriff«, wenn es Schwimmer erwischt. Man spricht korrekt und woke von »Hai-Begegnung«, so die *New York Times* allen Ernstes.

Ja, George Orwell hat eher untertrieben. Zwar heißt das Kriegsministerium noch nicht »Liebesministerium«, doch zumindest schon mal Verteidigungsministerium. Die zivilen Opfer gehen als »Kollateralschäden« durch. Vielleicht getroffen durch die (seit der Ukraine) »guten Streubomben«, die ja nur Russen treffen. International verfemt und geächtet, jetzt als »Nothilfe für die Ukraine« deklariert. Man lernt nie aus. US-Präsident Joe Biden, der schon mal Iran und Ukraine verwechselt oder Tote begrüßt, empfiehlt die Lieferung von »Clusterbomben«. Das klingt auch in deutschen Medien viel harmloser. Ähnlich wie das bärenstarke Einschläferungs-Programm.

Mehr als hundert Länder der Erde haben diese Streumunition, die viele kleine Munitionsteile in die Umgebung schleudert, geächtet. Auch Deutschland und die meisten Nato-Staaten. Neben der schrecklichen Verstümmelung von Soldaten: Ein Teil der Munition bleibt im Boden und kann auch nach Kriegsende Zivilisten töten. Ist das dann der »gute Tod«, sozusagen Euthanasie?

Sprachkosmetik heißt das Orwell'sche Zauberwort. Heute wird das als ideologisches Kampfmittel zur Gehirnwäsche aller verwendet, die sich nicht wehren. Die Werbung lebt von dieser Methode. Inzwischen gehört sie zum Standard der politischen Parteien. Gefeuerte Arbeiter sind auch nur »freigestellt«. Steuererhöhungen werden zu »Zukunftsinvestitionen«, Schulden zu »Sondervermögen« und zielgerichtete Indoktrination wird zum »Narrativ« schöngeredet; eine Pleite wird zum vorübergehenden Produktionsstopp schöngerechnet. Allein die Wortschöpfungen aus Habecks Vetternwirtschafts-Ministerium oder Lauterbachs Münchhausen-Ministerium bieten ein Kaleidoskop der Manipulation.

Durchgeführt werden diese Neusprech-Offensiven von wohlmeinenden Gutmenschen unter Journalisten und Autoren, Moderatoren und Politikern, die die neuen Begriffe unters Volk streuen (wie die »guten« Bomben!). Die Kollateralschäden dieser bewussten Sprachfälschungen für die kommenden Generationen sind schlimmer als alles, was uns klimatologisch passieren kann. Diese gezielte Umerziehung durch Sprachzerstörung gehört zum allgemeinen Transformations-Programm.

So ist man heute natürlich nicht mehr blöd oder ungebildet, nein »bildungsfern« heißt das Zauberwort. Was wiederum in »sozial benachteiligten« Vierteln zu »Herausforderungen« führen kann. Klingt doch viel besser als: Wir haben keine Ahnung, wie wir die nichtmuttersprachlichen Kinder und Jugendlichen in den von uns geschaffenen Zuwandererghettos von Kriminalität und Gewalttaten abhalten und in irgendwas »integrieren« sollen.

Eine befreundete Sozialpädagogin bezeichnete ein junges Mädchen, um das sie sich gerade kümmert, als »schulfern«. Auf die irritierte Nachfrage der anderen Anwesenden gab sie dann etwas verdruckst zu, dass es sich um eine notorische Schulschwänzerin handelt, aber »das sagt man heute nicht mehr so«.

Dieser ganze Irrsinn begann einst mit der »Raumpflegerin« (früher: Putzfrau). Mit dieser Sprachkosmetik sollte verschleiert werden, dass Putzen knallharte (und noch dazu meist unterbezahlte) Arbeit ist. Ähnlich die »Auszubildenden«. Ich schrieb mir die Finger wund: Ein Lehrling ist ein (stolzes) Subjekt, der Auszubildende ist ein entpersönlichtes Objekt, ein Gegenstand der Ausbildung. Tja, es beginnt immer alles im Kleinen, was dann im großen Stil alles verändert. Oder, wie Olaf Scholz mal in einem lichten Augenblick in Sachen »Impfen« sagte: »Wir sind alle Versuchskaninchen.«

Was man früher unter »Flüchtlingen« verstand, wird heute zum Beispiel fein säuberlich in »Geflüchtete«, »Schutzsuchende« und »Willkommene« getrennt. Bloß keine Wörter mehr, die erwachsenen Menschen einen Hauch von Pein bereiten könnten. Bloß nicht! Und natürlich alles geschlechtersensibel. »Versuchen Sie nicht, sich für sprachliche Entgleisungen zu entschuldigen. Sie würden es nur noch schlimmer machen«, rät ein Kollege voller Sarkasmus. Am besten, man hat die Schere gleich im Kopf und weiß, was man noch sagen darf und worauf bitterste Ächtung steht. Wobei wir wieder bei den »guten Streubomben« (Joe Biden) sind.

Und wer Kinder oder Enkel hat, weiß doch, wie kinderleicht es für die Kleinen ist, als erstes Wort statt »Mama« »Elter eins« oder »gebärende Person« zu sagen. Das wäre ja gelacht, wenn das nicht möglich wäre. Da kann man das Unwort Mutter mal schnell aus dem Sprachschatz streichen, wie es manche *Tagesschau*-Kolleg*in_nen für richtig hielten. Zumindest sollte das schreckliche Wort Mutter durch entbundene Person ersetzt werden. Wissen Sie, wer entbunden gehört? Diese Pseudo-Journalisten von ihren Positionen. Freistellen!

Man darf also mit Fug und Recht sagen: Unsere idiotischen Ideologen erklären ein ganzes Volk zu Waschlappen und Weicheiern, zu Mimosen und Minderbegabten. Sie könnten ja von einer militanten, anti-emanzipatorischen

Sprache getroffen werden wie die Russen von den guten Streubomben. Oder Corona-Maßnahmen-Kritiker vom Berufsverbot. Oder Israel-Freunde vom importierten Hass. Oder … Man kann gar nicht alles aufzählen, wovor uns die denkbetreuenden Sprachpolizisten alles »bewahren« wollen. Ja, in den Medien ist nicht nur das oft verantwortungslos, was gesagt und gezeigt wird. Viel schlimmer ist das, was unterdrückt, verschwiegen und bewusst *nicht* ausgesprochen wird – in der Hoffnung, dass es auf diese Weise verschwindet.

Wir müssen also aus Sicht der Herrschenden von den ach so fürsorglichen Sprachpolizisten in Watte gepackt werden. Nur witzig ist, dass alle wie wild im Internet surfen. Und was da geboten wird, dagegen ist das bärenstarke »destroy« aus dem Banff-Nationalpark ein Ponyhof.

Deutschland auf den Zahn gefühlt

Mir schreibt ein Leser, der meinen Buchtitel noch gar nicht kennen konnte: »Wissen Sie nicht, dass jeder zweite Afghane Zahnmediziner ist? Und jeder Nordafrikaner ein Arzt oder Facharbeiter? Im Ernst: Was tun wir jetzt gegen den ideologischen Idiotismus in Berlin, den doch niemand mehr ernst nehmen kann?« Tja, es ist fast wie die Frage an Erich Kästner, der übrigens 1942 von den Nationalsozialisten Schreibverbot erhielt: »Und wo bleibt das Positive, Herr Kästner?« Seine Antwort schrieb er in ein Gedicht: »Ja, weiß der Teufel, wo das bleibt …«

Der Teufel weiß es wohl nicht. Dessen Aufgabe ist es

bekanntlich, mit propagandistischer Dämonie das Volk für dumm zu verkaufen und zu manipulieren. Seine willigen Helfershelfer zur Zerstörung unseres Landes findet er auch bei denen, die ohne Kenntnisse, Bildung und Anstand Journalisten sein wollen. Ein altes Mathematiker-Wort lautet: »Es gibt Menschen mit einem geistigen Horizont vom Radius null. Und den nennen diese Leute dann Standpunkt.«

Ähnliches findet man in der Kaste der Politiker. Deren Bildung mittelmäßig zu nennen wäre eine Beleidigung des Mittelmaßes. So kommentiert Kollege Henning Hoffgaard von der *Jungen Freiheit* treffend (im doppelten Wortsinn): »Was sich derweil im politischen Berlin abspielt, muss man wohl in einem Fachbuch über Geisteskrankheiten nachlesen: Moralischer Größenwahn, gepaart mit krankhaftem Narzissmus und obendrauf noch eine gehörige Portion Totalitarismus. Fertig ist die Migrationspolitik.«

Nirgends paaren sich Idiotie und Ideologie so sehr wie beim brennendsten Thema neben Corona und Klima: der ungebremsten, unkontrollierten und unheimlichen Zuwanderung über Deutschlands Grenzen, offen wie ein Scheunentor. Was CDU und CSU 2015 begannen und wofür die ehemalige Bundeskanzlerin Angela Merkel noch 2023 mit den höchsten Orden von Bayern (CSU) und Nordrhein-Westfalen (CDU) behängt und geadelt wurde, setzt sich in der aktuellen Ampel-Regierung unbekümmert fort.

Von Kirche und Staat üppig gepamperte Seenotschlepper schiffen die »mehrfach traumatisierten Schutzsuchenden« tausendfach über alle möglichen Umwege zielgerade ins deutsche Schlaraffenland. Mit Steuergeld, das an allen

Ecken und Enden fehlt. In den deutschen Kommunen – und nicht nur bei denen – herrscht längst Land unter. Erst lockt man Armutsmigranten mit üppigen deutschen Sozialleistungen Richtung Europa und ist dann empört, wenn Italien einfach nur noch nach Deutschland durchwinkt. »Ergibt das eigentlich wenigstens im Kopf der eitlen Außenministerin Annalena Baerbock noch irgendeinen Sinn?«, fragt Hoffgaard.

Doch was soll man von einer »vom Völkerrecht kommenden« Ministerin erwarten, deren Jahr 560 Tage hat und die von Putin einen Kurswechsel von 360 Grad fordert? Die Supermarktkette REWE, sonst ganz auf wokem Regenbogenkurs, nahm Baerbocks »Versprecher« während einer Afrikareise als Steilvorlage für die Reklame: Sie hatte Südafrika als »Schinken der Hoffnung« (Bacon of Hope) gerühmt, was REWE auf die Idee brachte, mit diesem Slogan nun den veganen Schinken zu bewerben. Baerbocks Fehlleistung ist nicht nur komisch, sondern auch entlarvend: Hatte sie in ihrem Lebenslauf nicht behauptet, an der London School of Economics (LSE) studiert und einen Abschluss »Master of Law LL. M.« gemacht zu haben?

Da kommt die Künstliche Intelligenz (KI) gerade zur richtigen Zeit. Sie könnte selbst Kinderbuchautoren noch zu Wirtschaftsministern machen oder der Union Köpfe wie Franz Josef Strauß oder Ludwig Erhard zurückgeben. Viele beklagen, dass Deutschland – wie in allem – auch in puncto Künstliche Intelligenz hinterherhinkt. Doch ich glaube nicht, dass KI die öffentlich und öffentlich-rechtlich geförderte Verdummung noch kompensieren kann. Unsere Schulen sind dazu vor lauter Inklusion und Integration gar nicht in der Lage. Es sein denn, man ist Politiker, Pfarrer oder Hauptstadtjournalist und schickt seine Kinder auf Privatschulen.

Die PISA-Studie von Ende 2023 ist eine Bankrotterklärung für das deutsche Bildungssystem. Nur benennt kaum jemand die wahren Gründe: Integration, Inklusion, Unterrichtsausfall wegen Lehrermangel und Corona-Irrsinn sowie nicht zuletzt die viel gerühmte Digitalisierung.

Dass die beste Außenministerin von allen jedoch statt Pressefreiheit einmal »Fressefreiheit« sagte, hat sie rasch korrigiert ... Für andere Korrekturen sorgt die Hofberichterstattung. Einst hochgejubelte grüne Ikonen vom Weihrauch befreien? Fehler in der Beurteilung eingestehen und vorauseilende Lobhudelei korrigieren? Wo kämen wir da hin! Das Volk ist eben zu dumm, Idiotie als Genialität zu erkennen.

Wie weit weg der Eliten-Diskurs mittlerweile vom wahren Leben ist, konnten die ungläubig staunenden Bürger im Herbst 2023 an der Merz'schen Zahnarzt-Debatte sehen. Dafür gibt's den Nobelpreis für Populismus. Heinz Erhardt würde Merz so beschreiben: »Den Stein der Weisen wollt' er finden und fand nicht mal des Pudels Kern.« Ausgerechnet die CDU, die Kanzlerin Merkel 2015 wegen der Grenzöffnung frenetisch gefeiert hatte, stellt nun die Frage: Nehmen Asylbewerber deutschen Patienten Termine beim Zahnarzt weg?

Dabei braucht man eigentlich nur ein bisschen Mathematik: Mehr Menschen bei gleichbleibender oder gar sinkender Arztdichte macht eben weniger Termine für mehr Menschen. Oder rekrutiert Deutschland jetzt Ärzte über das Asylsystem? Wer hat uns denn in der Vor-Ampel-Zeit die Willkommens-Lyrik eingebläut und wundert sich jetzt, dass er buchstäblich das Blaue vom Himmel (besser: in die Wahlurne) bekommt?!

Was jedoch deutlich schlimmer ist und uns zunehmend in der Staatengemeinschaft isoliert, marginalisiert und blamiert: Im Rest der Welt hat man von diesem deutschen Moralgrößenwahn schon lange die Nase voll. Beim Klimagipfel in Katar waren die Deutschen mit ihrem Nein zur Kernkraft eine einzige Lachnummer. Am deutschen Wesen soll die Welt genesen? Diese Versuche sind schon mehrfach gescheitert. Mit fatalen Folgen. Doch unsere Nachbarn haben da ihre Mittel. Man könnte auch von Rache sprechen. Polen winkt durch und kassiert noch Visa-Gebühren. Italien sowieso, da stehen am Bahnhof Bozen Züge mit dem Zielbahnhof »Deutschland«.

Das reicht, um die Züge zu füllen. Von Griechenland und von Ungarn muss man gar nicht erst reden. Und Österreichs ÖVP-Kanzler (Partnerpartei der CSU) rühmt sich, das Asyl-Problem in den Griff bekommen zu haben. Klar, er lässt die Frauen und Kleinkinder, die sich wundersam beim Grenzübertritt als arabische Jungs entpuppen, an die bayerische Grenze verfrachten, wo Polizisten sie im Shuttle in Hotels in Premiumlage chauffieren. Garmisch, Passau oder Zwiesel lassen grüßen. Der *Bayerische Rundfunk* feiert das doch tatsächlich als »Kreativität der Landkreise«. Ich rühme das als Gelddruckmaschine cleverer Hotelbesitzer.

Die finanziellen und gesellschaftlichen Kosten für diesen All-inclusive-Service will das ach so reiche Deutschland angeblich gern übernehmen. Und merkt nicht, dass es sich mit diesem hochmoralischen, selbstzerstörerischen Übernehmen selbst übernimmt. Na, bravo! Da behält mein alter Kollege aus fernen Saarbrücker Zeiten wieder mal recht: »Wer halb Kalkutta aufnimmt, hilft nicht etwa Kalkutta, sondern wird selbst zu Kalkutta«, pointierte Peter Scholl-Latour. Schon der erste Ausländerbeauftragte der Bundesregierung (der zuvor SPD-Ministerpräsident von Nordrhein-Westfalen war) warnte: »Unsere Möglichkeiten, Ausländer aufzunehmen, sind erschöpft. Übersteigt der Ausländeranteil die Zehn-Prozent-Marke, dann wird jedes Volk rebellisch.« (Heinz Kühn, 1981)

Doch im neuen Deutschland, »dem besten, das wir je hatten« (Kühns Parteigenosse Steinmeier), werden die Prophezeiungen von George Orwell bedrohlich real: »Je weiter sich eine Gesellschaft von der Wahrheit entfernt, desto mehr wird sie jene hassen, die sie aussprechen.« Deshalb hörte und las man kaum etwas von der messerscharfen Analyse Henry Kissingers kurz vor seinem Tod: Deutschland gehe an seinem Selbsthass und der Selbstzerstörung seiner Kultur zugrunde. Die Öffnung der Grenzen sei ein schwerer Fehler gewesen.

An Bescheidenheit soll uns niemand übertreffen

Honeckers SED-Ideologen hätten das auch nicht schöner sagen können: »Wir benötigen eine neue Angemessenheit in unserem Wohnen, vielleicht sogar eine neue Bescheidenheit.« Hintergrund: Es fehlen 700000 Wohnungen in

Deutschland. Doch statt den Regulierungswahn und die Bürokratie einzudämmen, steigt die Flut der ideologischen Idiotie. »Wir müssen die Ansprüche an unsere Wohnungen senken«, wollen rot-grüne »Städteplaner« wissen.

»Aha! Weil unsere Ideologen in der Regierung überregulieren und vom Öko-Sozialismus mitsamt Weltklima-Rettung träumen, müssen die normalen Bürger ihr Leben umkrempeln«, fasst Kollege Boris Reitschuster die Fakten zusammen und erinnert an seine lange Korrespondentenzeit in Moskau: Der real existierende Sozialismus habe sich dadurch ausgezeichnet, dass selbst die einfachsten Dinge knapp und zur Mangelware wurden und oft auch rationiert werden mussten. Da sträuben sich ihm die Nackenhaare, wenn er nun Beschlüsse wie den des CDU-geführten Berliner Senats sehe, die Vergabe von landeseigenem Wohnraum künftig zu limitieren. Zum Beispiel an Singles nur noch kleine Wohnungen zu vermieten.

In einem freiheitlichen System reguliert diese Dinge der Markt – nur da, wo Mangel und Misswirtschaft herrschen, muss der Staat mit »Rationierungen« eingreifen. Das führt erst zu mehr Bürokratie und dann unausweichlich zur Korruption und zum Schwarzmarkt. Aber offenbar ist die Menschheit nicht lernfähig – oder zumindest der Teil von ihr, der in Berlin regiert. Auch Strom soll rationiert und »zugewiesen« werden. Zugewiesen! An wen denn? An die eigenen Parteimitglieder oder andere Günstlinge? An Leute mit »Beziehungen«, die schon mal ein paar Scheine im Briefumschlag mitbringen? So macht man das Volk von sich abhängig und bekommt es auf Linie: Wer im System nicht mitmarschiert, befördert sich selber ins Aus. Kein

Strom, keine angemessene Wohnung, keine sonstigen Gunstbeweise. Ich dachte immer, die letzten beiden Diktaturen hätten den Deutschen genügt ...

Die absurdeste Idee: Senioren, die allein in einer großen Wohnung leben (die sie dann ja wohl auch bezahlen können), sollen aus- und umquartiert werden. Ähnlich wie es die kirchliche Diakonie mit den Pflegebedürftigen macht: raus aus dem Altenheim, dafür kommen dann Flüchtlinge. Oder »Schutzsuchende«, die (zum Beispiel durch den Krieg und die Überfahrt in kirchlichen Schlepper-Schaluppen auf hoher See und dann noch drangsaliert durch den abgrundtiefen deutschen Rassismus) so »traumatisiert« sind, dass man sie nur noch mit Samthandschuhen anfasst, wenn sie dann hier sind. Ich frage mich immer, warum die Migranten aus aller Welt fast nur zu uns wollen. Wo wir doch sooooo rassistisch sind ... Hat schon mal jemand daran gedacht, dass »Familienzusammenführung« auch so funktioniert: die Flüchtlinge wieder in die Familien ihrer Herkunftsländer zu »integrieren«.

Als wahre Gelddruckmaschinen erweisen sich diese Unterkünfte für ihre Besitzer. Immer mehr Hoteliers und »Wohltätigkeits«-Organisationen verfallen auf diese Masche. Sie verzichten auf Mieter und Feriengäste, die ihre Unterkunft selbst bezahlen, und holen sich die Kohle »vom Amt«, das heißt von uns Steuerzahlern. So werden die Menschen, die arbeiten gehen, gleich doppelt betrogen: Erst müssen sie Steuern zahlen, dann nimmt man ihnen den Wohnraum weg. Kalter Kapitalismus in höchst moralischem Gewand. Wehe dem, der Böses dabei denkt. So werden inzwischen ganze Dörfer, Straßen in Städten oder

Stadtteile in Metropolen zerstört, und selbst vor bekannten Touristenorten macht der Gutmenschen-Wahn nicht halt. Wehe dem, der da nicht Schritt halten kann und über wenig Geldreserven verfügt.

Einen anderen Ansatz, um die arbeitende Bevölkerung um den Lohn ihrer Mühen zu bringen, verfolgen die selbsternannten »Pioniere der Nachhaltigkeit«. Sie planen einen weiteren Anschlag auf unsere Freiheit und fordern: ein grundlegendes Umdenken bei Komfort und Stromverbrauch. Das frei stehende Einfamilienhaus, traditionelles Wunschziel junger Familien, soll in seiner jetzigen Form nicht mehr gebaut werden dürfen, wenn es nach dem Willen der Öko-Ideologen geht. Schließlich muss ja am deutschen Wesen (wieder mal) die ganze Welt genesen. Währenddessen verpesten andere das Weltklima, die Dax-Konzerne sind zu siebzig Prozent in ausländischen Händen, und die Chinesen sind auf Schnäppchentour durch Deutschland. Wenn die Leute wüssten, dass selbst angestammteste Unternehmen, Banken, Industriebetriebe oder Hotels nur noch dem Namen nach deutsch sind, glauben sie das Märchen vom »reichen« Deutschland wohl nicht mehr so bereitwillig.

Was den Wohnkomfort angeht, ein Markenzeichen Deutschlands, sind die Weichen auf Enteignung gestellt: Man könne nicht etwas bestehen lassen, was nicht mehr bezahlbar und dessen Auswirkungen auf unsere Umwelt nicht mehr akzeptabel ist, verkünden die apokalyptischen Propheten der Klimareligion. Das heißt doch mit anderen Worten: Von dem, was der Politik zu teuer ist und was ideologisch für umweltfeindlich erklärt wird, davon soll der unmündige Untertan – früher Bürger genannt – nicht nur die Finger lassen, sondern »aktiv« befreit werden.

Ein rot-grüner Aktivist erklärt: »Ist es unzumutbar, an wenigen Tagen im Jahr einen Pullover in der Wohnung tragen zu müssen? Früher konnte man sich das heutige Komfortniveau häufig nicht leisten. Waren die Menschen deshalb unglücklicher?« Als einst Thilo Sarrazin den Energiespartipp gab, »einfach warm anziehen und die Heizung drosseln«, gab es einen bundesweiten Sturm der Empörung. Heute, wenn genau der gleiche Vorschlag unter dem Deckmantel des »Klimaschutzes« gemacht wird, stößt er auf jubelnden Beifall. Merken wir gar nicht, wie krank das inzwischen alles ist?!

Leider erkennen oft nur wache Kollegen mit Ostbiografie, was heute ideologisch wirklich vor sich geht: ein Rückgriff in die Mottenkiste der Planwirtschaft, die die DDR völlig ruiniert hat. So schreibt Ralf Schuler: »Das mit den Wohnungen klappte schon damals nicht, weil im VEB Kombinat Tiefbau das Ersatzteil für einen Bagger fehlte, die planmäßige Produktion von Zement wetterbedingt nicht hinterherkam oder der ›Genosse Winter‹ die Arbeiten auf den Baustellen gefrieren ließ. Ganz grundsätzlich ist eine gewisse Planung nicht verkehrt, sie wird aber zum Problem, wenn sie zum ideologischen Selbstzweck und einem autistischen System wird, bei dem Realität und Außenwelt mit dem Wunschziel verwechselt werden.«

Verkehrte Welt! Es kommt also nur noch darauf an, wer was wann wozu sagt. Nicht mehr der Verstand, nein, Haltung hat Priorität. Nicht Fakten, sondern »Moral«. Im Gewand von Klimaexperten »framen« Wetteransager im Dienste der Weltrettung dann schon mal einen bitter-kalten Winter zu einem »nur kühlen«, der der These von der Erd-»Erhitzung« keineswegs widerspreche. Alles im Sinne der Hochmoral. Wie *ARD*-Mitarbeiter in einem internen Gutachten lesen konnten, das der Sender bei Elisabeth Wehling, einer kalifornischen Kommunikations-»Wissenschaftlerin«, für Hunderttausende Gebühren-Euro zum Thema »Framing« in Auftrag gab. Und das Gott sei Dank schnell öffentlich bekannt und von *netzpolitik.org* veröffentlicht wurde. In dem Papier heißt es an die Sender-Verantwortlichen gerichtet: »Wenn Sie Ihren Mitbürgern die Aufgaben und Ziele der *ARD* begreifbar machen und sie gegen die orchestrierten Angriffe von Gegnern verteidigen wollen, dann sollte Ihre Kommunikation nicht in Form reiner Faktenargumente daherkommen, sondern immer auf moralische Frames aufgebaut sein, die jenen Fakten, die Sie als wichtig erachten, Dringlichkeit verleihen und sie aus Ihrer Sicht – nicht jener der Gegner – interpretieren.« Lesen Sie diesen Satz ruhig mehrmals und übertragen Sie ihn auf all das, was man heute »Einordnen« nennt. Die durch Zuwanderung künstlich verstärkte Wohnungsnot ist dann zum Beispiel nur eine (unwesentliche) Bedarfslücke.

Diese »Wissenschaftlerin«, die etikettenschwindlerisch unter dem Motto der Universität von Berkeley »Fiat Lux« (»Es werde Licht«, wie es Gott in der Schöpfungsgeschichte der Bibel sagt) arbeitet, hatte schon einmal folgende Gefälligkeitsanalyse auf Lager, die das Niveau einer Grundschule weit unterbietet. Bei der ersten Wahl von Donald Trump zum US-Präsidenten belehrte sie das staunende Volk: »Der wird Stimmen ernten von Menschen, die sowieso von ihrer Ideologie her schon im Bereich des eher rechten politischen Spektrums sich bewegen, das ist vollkommen klar, denn von denen wissen wir unter anderem auch, dass sie eine größere Amygdala haben, also einen größeren Bereich im Gehirn, der Angst und Stress und Aggression berechnet.« Übrigens gesendet vom *Deutschlandfunk*. Goebbels hätte seine Gegner wohl ähnlich beschrieben – mit fatalen Folgen für die Betroffenen. Es fehlt nur noch, dass man Trump- oder AfD-Wähler an der Form ihrer Nasen erkennt.

Weil's so schön ist, gleich noch so ein Klops aus dem rhetorischen Waffenarsenal hoch bezahlter »Wissenschaft«: »Einige Mitglieder unserer Gesellschaft halten sich nicht an unsere generationenverbindende, demokratische Entscheidung zum gemeinsamen, freien Rundfunk *ARD*. Sie stellen damit die Verbindlichkeit demokratischer Entscheidungen infrage, sie verhalten sich demokratiefern.« Damit sollen alle Kritiker der Zwangsgebühren und der Gehirnwäsche mundtot gemacht werden. Das ist eben das in den Himmel gehobene Framing: teuflische Lüge, dämonischzerstörerische Propaganda. Die Wahrheit: Beliebte Sendungen und Serien werden gnaden- und ersatzlos eingestampft, wirklich Wichtiges und weniger oberflächliche Gesprächsrunden und Analysen in Spartenprogramme nach Mitternacht abgeschoben. Ganz nebenbei wird ein immer breiteres Online-Angebot aufgebaut, was nichts, aber rein gar nichts mit der »demokratischen Entscheidung« zum Öffentlich-rechtlichen Rundfunk zu tun hat.

Ach so: Was den Wohnraum und den Komfort angeht, da ist unser geframter Staatsfunk wahrhaft vorbildlich.

Der lässt sich nämlich an nachhaltiger Bescheidenheit von niemandem übertreffen. Die ehemalige *RBB*-Intendantin brachte es doch schließlich zu Massagesesseln und geölten Parkettfußböden und betrieb in ihrem ach so demokratischen Sender Vetternwirtschaft nach Gutsfrauenart.

Da fliegen dann schon mal Kanzler, vier Minister und elf Staatssekretäre mit getrennten(!) nachhaltigen, umweltfreundlichen und bescheidenen Maschinen nach Dubai, um das Klima zu retten. Und unser Staatsoberhaupt übertrifft an Demut alles bisher Dagewesene: Während das Schloss Bellevue (wegen teuerstem Pfusch am Bau, wie ich in meinem letzten Buch *Das Maß ist voll!* ausführlich beschreibe) renoviert wird, muss die gesamte Entourage für fünf Jahre umziehen. Dafür wird dann ein pompöses und luxuriöses »Ausweichquartier« gebaut. Sage und schreibe 205 Millionen Euro kostet uns Steuerzahler der provisorische Prunk-Palast. Für fünf Jahre! Das Nachrichtenportal *NIUS* kommentiert denn auch sarkastisch: »Während Rom brennt, plant Nero seinen nächsten Palast. Nur dass unser Nero, sprich der Bundespräsident, dabei kein eigenes Vermögen, sondern das der Steuerzahler verjubelt.«

Es gibt nur eine Lösung, und die würde all den ideologischen Ballast zur Verblödung des Volkes schnellstens beenden: Die gesetzgebenden Politiker müssen verpflichtet werden, eins zu eins ihre Wahnideen selbst auszusitzen. Zum Beispiel Wohnen in Problemvierteln auf engstem Raum, ein Windrad direkt vor der Haustür, Flüchtlingsheim gleich nebenan – und seine Kinder natürlich statt in Internate in Brennpunktschulen mit höchstem Integrations- und Inklusionsanteil schicken. Der ganze Spuk wäre vorbei, noch bevor Sie dieses Buch ausgelesen haben. Wetten, dass ...

Billig-Blech
aus Bellevue

Es waren dann doch erstaunlich viele Kommentatoren, die den deutschen Bundespräsidenten fragten: Ist das wirklich Ihr Ernst? Höchste Orden für eine ganze Riege von Menschen, die nichts anderes taten als ihre gut bezahlte Pflicht. Und noch nicht mal das ordentlich. Das junge Team von *Apollo News* bringt es schon in der Überschrift auf den Punkt: »Symbolik wie aus einer Bananenrepublik«. Das »Wie« hätte ich allerdings gestrichen.

Und der unnachahmliche Henryk M. Broder kommentierte die Ordens-Orgie an sechs Ministerpräsidenten: »Wir haben ganz viele Politiker, die gerne kleine Monarchen spielen.« Und dazu gehöre eben dieser »Klimbim«. Man lese und staune: Ausgezeichnet wurden diese Ministerpräsidenten laut Präsidialamt für »Verdienste um die Demokratie«. Ja, genau dafür verdienen die doch jede Menge Geld und erhalten Vergünstigungen aller Art.

Der ausgezeichnete (!) Herr Ramelow, Ministerpräsident aus Thüringen, zum Beispiel hat sich wahrlich um die Demokratie verdient gemacht: Er versprach bei Amtsantritt möglichst schnell Neuwahlen, die dann aber ausblieben. Er regiert als Wahltäuscher. Dafür hatte seine Linken-Landeschefin schon mal dem rechtmäßig gewählten Ministerpräsidenten Kemmerich (FDP) einen Blumenstrauß vor die Füße geworden, bevor der CDU-Befehl aus Südafrika (!)

erscholl – aus Kanzlerinnen-Mund –: diese Wahl »sofort rückgängig machen«.

Das und mehr war Bayerns Ministerpräsident Markus Söder (CSU) den allerhöchsten Orden wert: Sein »großes Vorbild« Merkel (in Sachen Demokratie?) zeichnete er mit dem Bayerischen Verdienstorden aus »für überragende Verdienste für Bayern«. Ja, Sie lesen richtig: für Bayern! Na toll! Demokraten unter sich. Beziehungsweise deren Abrissbirnen. »Kann sie etwa jodeln oder schuhplattlern?«, fragt Broder sarkastisch.

Im Schloss Bellevue reihte sich auch die Malu aus Mainz in die Ordensschlange ein. Hatte Frau Dreyer nicht erst zwei Jahre zuvor bei der Flutkatastrophe an der Ahr jämmerlich versagt? Ohne jedes Schuldbewusstsein. Obendrein ohne die versprochene Hilfe an die Opfer zu liefern, die oft bis heute noch drauf warten. Das sind doch wirklich echte Verdienste für einen Verdienstorden, oder?!

Apollo News beschreibt die Realsatire im Schloss Bellevue treffend, sozusagen Schiffe versenkend: »Es hat ein ganz kleines bisschen was von einer Party in der Offiziersmesse auf der sinkenden *Titanic*. Hier ist Ihr goldener Anstecker, Herr Kapitän. Wassereinbruch? Kann warten.«

Und da wagt es doch das Präsidialamt tatsächlich, folgendes zur Ordens-Begründung noch draufzusatteln: Die ausgezeichneten Regierungschefs »übernahmen und übernehmen in Zeiten großer politischer Herausforderungen Verantwortung für wichtige Entscheidungen in ihren Ländern«. Man höre und staune. Und schaue auf die Bilanzen.

Wen wundert es eigentlich noch, dass die Bürger an der Demokratie verzweifeln, die sie in dieser Form wahrlich nicht verdient haben. Die Verdrossenheit gilt nicht der Politik. Sie richtet sich gegen die Politiker. Die bananenrepublikanische Bellevue-Party war auch deshalb zum Fremdschämen, weil zeitgleich das Sechzig-Milliarden-Haushaltsloch offenbar wurde. Kasse leer, Volk betrogen, Staat pleite – jedoch stattliche Orden wie bei Erich im Oktober 1989, als auch alles schon den Bach runterging. Der letzte Tango in Bellevue. Endzeitstimmung.

Glitzernde Orden verkommen zu billigem Blech. Lametta. Loriot! Was für ein Symbol für unser heruntergewirtschaftetes Land. Schulterklopfen unter Polit-Genossen im Angesicht des Niedergangs. Das Bundesverdienstkreuz: beiläufige Beliebigkeit.

Auch das Datum ist Realsatire, wie sie Loriot nicht besser hätte erfinden können: Es war der Black Friday, an dem ich in den Factory-Outlets im kalifornischen Camarillo war – alles zu Billigst-Schnäppchen-Schleuderpreisen. Fast wie in Bellevue, 5 794 Meilen entfernt.

Und wer ehrt die stillen Helden? Die 15 Millionen Ehrenamtlichen, die sich auch um die Menschen verdient machen, die Opfer jener »Verdienst-Demokraten« wurden. Im Kampf gegen die politisch verschuldete Pandemie der Einsamkeit der letzten Jahre zum Beispiel. Oder »Grüne Damen«, »Tafel«-Mitarbeiter, Dorfhelferinnen. Oder Feuerwehrleute, Pflegepersonal, Erzieher oder die letzten Bäcker und Metzger, die sich um unser Wohl kümmern. Die immer wenigeren, die noch bereit sind zu dienen. Und nicht nur zu verdienen.

Glücklich ist,
wer vergisst ...

Es ist Etikettenschwindel, Falschmünzerei, Mogelpackung und Volksverdummung zum Quadrat. Man öffnet die Haustür, sieht die Schlagzeile der *Berliner Morgenpost* auf der Matte liegen – und möchte am liebsten erst mal an die frische Luft, um so viel Chuzpe zu verdauen. So viel Dreistigkeit tut weh: CDU-Generalsekretär Carsten Linnemann will den 777 Millionen Euro teuren Erweiterungsbau des Kanzleramtes stoppen. »CDU: Kanzleramt ist groß genug« heißt es da in Riesenlettern. Es folgt ein fast halbseitiger Bericht.

Der pure Populismus! Meine Güte, für wie dumm wird das Wahlvolk gehalten. Heißt es doch so schön in der *Fledermaus* von Johann Strauß: »Glücklich ist, wer vergisst, was doch nicht zu ändern ist!« Zu ändern, so glaubt Linnemann, ist noch was und spekuliert damit auf die Vergesslichkeit des Volkes und die willfährigen Medien. Genau damit kalkuliert das Adenauer-Haus. Das ist für Politiker immer eine sichere Bank: Das Gedächtnis der Öffentlichkeit reicht immer nur so weit, wie die Medien es wollen. Auf das rasche Verschwinden der Wahrheit ist stets Verlass.

Wer hat denn den Bau des Kanzleramts geplant, den die CDU nun ändern will? War es »die Ampel«? Waren es »die Grünen«? Ich erinnere mich noch gut. Es waren doch die Kanzleramtsminister Peter Altmaier (CDU) und Helge Braun (CDU), die 2019 (zunächst in Hintergrundgesprächen, dann öffentlich) mit diesem Bauvorhaben prahlten und protzten. Ich war dabei und habe es selbst gehört: Vierhundert neue Büros, Kindergarten, Kantinen etc.

Die Raumsituation, so sekundierte die CDU-Kanzlerin ihren CDU-Ministern, sei so angespannt, dass ein Erweiterungsbau unumgänglich sei. Sozusagen: unverzüglich! Es dauerte tatsächlich eine Weile, bis in der Wirtschaftskrise der Ampelregierung sowohl aus der Regierung (Christian Lindner, FDP) als auch aus der Opposition im März 2023 erneut Kritik an den Plänen laut wurde. Kritiker am Bau versuchte der frühere Finanzminister und jetzige Bauherr Olaf Scholz (SPD) bei seiner Regierungserklärung im Bundestag mit folgenden Worten abzuwehren: »Man muss alle, die da entschieden haben, in Schutz nehmen«, verlangte er und verleumdete die Kritiker im selben Atemzug als »Denunzianten«.

Hat Linnemann bei der Sitzung gefehlt? Zumindest leidet er wohl unter Amnesie, denn als frischgebackener Generalsekretär der CDU verlangte er im Juli 2023 in größter Lautstärke: Die großen Pläne der großen Weltenkanzlerin sollten passend für den Wahlkampf in Hessen und Bayern am 8. Oktober 2023 gestoppt und beerdigt werden. Zumindest verschwiegen. Apropos Beerdigung: Der erste Akt fand schon mal in aller Stille statt. Der Baubeginn war quasi eine mediale Trauerfeier. Die Regierenden trauen sich nicht mehr vors Volk. Ob es wohl jemals ein öffentliches Richtfest geben wird?

Normalerweise begleitet den ersten Spatenstich eine Zeremonie, über die in den Medien groß berichtet wird. Ich erinnere mich noch gut an den 4. Februar 1997. Eiskalter

Wind wehte über die riesige Freifläche vor dem Reichstag. Die Staatsspitze an der Baustelle, die ersten Bagger im Hintergrund. Helmut Kohl hielt eine Rede über die historische Bedeutung des künftigen Kanzleramtes. Zwei Geistliche in vollem Ornat sprachen Segensgebete. Sie versteckten nicht in vorauseilendem Gehorsam vor dem Islam ihre Kreuze wie später die Bischöfe beim Besuch des Jerusalemer Tempelberges. Da wurden noch keine Bibelsprüche am Berliner Schloss »verdeckt«, noch keine Kreuze beim G7-Gipfel versteckt.

So war das damals, als man die Wurzeln unserer Kultur noch ernst nahm in Kirche und Staat und Kanzler Kohl schon mal singen ließ: »Nun danket alle Gott ...« – und nicht: Dank dem Herrn Bundeskanzler oder irgendwelchen Corona- und Klima-»Experten.« Keine »gendergerechten« Bibelverse, keine Bischöfe in Regenbogenfarben, kein feministisches Allotria aus dem Auswärtigen Amt. Alles total normal.

Und nun? Man wusste vom ersten Tag der Planungen an: Deutschland leistet sich jetzt schon den größten Prunkbau als Regierungssitz, dagegen ist das Weiße Haus eine Hundehütte und Downing Street 10 ein mittleres Reihenhaus. Und nebenbei: Die Bauarbeiten haben begonnen, die Verträge sind gemacht. Oder will die CDU à la Flughafen BER noch mehr Firmen in die Insolvenz treiben?

Ich persönlich wüsste Wesentlicheres, von dem Sie sich distanzieren und separieren müssten, was Ihre Kanzlerin betrifft, Herr Linnemann. Eine ganze Liste (über-)lebenswichtiger Themen, von der Zerstörung der Bundeswehr über die fatale Einwanderungspolitik bis zur Abschaltung der Atomkraftwerke, um nur die Spitze des Eisberges zu nennen. Sie haben doch Ihre Kernklientel verraten: Handwerker, Mittelstand, Landwirtschaft, Familienunternehmen ...

Im Januar 2024 konnten die Herrschenden sehen, was ein großer Teil der Bevölkerung denkt: Angeführt von den Bauern waren Zehntausende Menschen auf den Straßen – aus allen Berufen und Branchen, selbst Polizei und Omnibusse reihten sich ein. Zum gleichen Zeitpunkt erklärte Linnemann doch allen Ernstes, selbstverständlich solle Merkel für die CDU Wahlkampf machen. Als hätte die Union den »Schuss« nicht gehört. Von der Wucht des Protestes sichtlich überrascht meinte der niedersächsische Ministerpräsident Weil (SPD) bereits am ersten Morgen der Protesttage im ZDF: Die Ampel solle tun, was die Bauern fordern. Zwei Tage später waren laut INSA 69 Prozent der Deutschen auf Seiten der Bauern, obwohl ihnen durch die Aktionen viele Nachteile entstanden. Auch die beliebte Trumpfkarte »rechtsradikal« scheint nicht mehr zu ziehen.

Auch dass es an entscheidender Stelle bis heute kaum namhafte Repräsentanten aus den seit dreißig Jahren »neuen« Bundesländern im Berliner Paralleluniversum gibt, sollten Sie dringend ändern, Herr Linnemann! Höchstens wirre Quer-Redner, die den eigenen Landsleuten ein »Demokratiedefizit« bescheinigen oder von »Dunkeldeutschland« faseln. Ich trage in Mitteldeutschland grundsätzlich Sonnenbrille, weil die Leute da ziemlich »helle« sind.

Die Sache mit dem Kanzleramt mögen dem Generalsekretär zwar die Berliner Hofjournalisten durchgehen lassen, ich aber nicht. Ich war dabei, als der Kanzleramtsminister der CDU mit stolzgeschwellter Brust das Modell vorstellte. Das zwang einem damals schon die Parallele zu Berliner Entwürfen der Vorkriegszeit förmlich auf. Das sollte ein richtig großer Wurf werden, als hätten wir's mit einer ewigen Kanzlerin zu tun, sozusagen ein hundertjähriges Reich wie das der Queen.

Die »Chamäleon«-Union-Deutschlands, kurz CDU, tut nun so, als hätte sie mit allem nichts zu tun. Typisch deutsch, das kennen wir doch: Da waren immer alle im Widerstand und nie dabei. Und die Bürger glauben es wahrscheinlich auch noch, dass die böse Ampel da wieder am Werk war. Denen traut man ja inzwischen alles zu. Nein, nein, der Hauptverantwortliche für den nun diffamierten Erweiterungs-Prunkbau ist Merkels einstiger Kanzleramtsminister Braun.

Und damit Sie, liebe Leser, mal einen Eindruck haben, wie das in Berlin in der riesengroßen Koalition der Altparteien so läuft: Als der Bundestag im März 2023 über einen eventuellen Baustopp debattierte und Kanzler Scholz sein Veto einlegte, wie oben beschrieben, hieß es dann doch zumindest: Der Haushaltsausschuss wird sich noch einmal mit den Kosten und der Größe des Ausbaus beschäftigen und neutral bewerten. Neutral! Das Volk war also erst mal beruhigt.

Und nun raten Sie mal, wer der Vorsitzende jenes wichtigsten (Kontroll-)Ausschusses des Parlaments ist: der (ehemalige) CDU-Bauherr Braun höchstselbst ... Zu Deutsch: Die Kontrolleure kontrollieren sich selbst. Eine besondere Form der Demokratie. Wie bei »Corona«! Noch Fragen?!

Ohne Risiken und Nebenwirkungen

Tollhaus, Narrenschiff, Irrenanstalt ... oder von allem etwas?! Es gibt schon fast keine Steigerung mehr, um den Zustand Deutschlands zu beschreiben. Und täglich grüßt das Murmeltier: Die deutschen Prioritäten gleichen einer Olympiade des Schwachsinns.

Ideologie und Idiotie triumphieren. Nach Risiken und Nebenwirkungen fragt kaum mehr jemand. Im Gleichschritt und im Blindflug geht's dem Abgrund entgegen.

Die Prioritäten sprechen für sich. So haben wir »gendergerechte« Ansagen im Zug, aber bei der Bahn funktioniert rein gar nichts mehr. Höchstens die üppige Bezahlung für den vom damaligen CSU-Verkehrsminister eingesetzten Bahnchef, bei dem nur der Bonus pünktlich kommt: 1,3 Millionen (!) mehr (!) im Jahr 2022, weil die Züge – und jetzt atmen Sie tief ein – klimafreundlicher fahren und mehr Frauen befördert wurden. Dieses Land ist krank und kaputt! Mit einem nervtötenden »Liebe Gäste« werden die größten Grausamkeiten von Unpünktlichkeit und Zugausfällen, von defekten Klimaanlagen und kaputten WCs oder fehlenden Speisewagen garniert. Deutschland setzt eben Prioritäten. Ohne Rücksicht auf Verluste.

Der Zustand der Bahn ist das Spiegelbild für eine Nation. Man schaue sich einmal die Schweiz an. Dort fährt der Zug nicht pünktlich auf die Minute, sondern auf die Sekunde. Dort heißt es auch noch einladend und korrekt »Damen und Herren«. Die Schweiz ist übrigens inzwischen so genervt von den Verspätungen der Deutschen Bahn, dass sie gerade überlegt, die deutschen ICEs nicht mehr in ihre Fahrpläne einzubeziehen, sondern gleich an der Landes- grenze enden zu lassen. Man möchte sich den eigenen, gut funktionierenden Fahrplan nicht länger durcheinander- bringen lassen.

Ausgerechnet auf dem Neustädter Bahnhof in Dresden, Hauptstadt des CDU-regierten Sachsen, erlebte ich lange Schlangen vor den Toiletten-Kabinen. Dort haben mili- tante Gender-Ideologen die Pissoirs abgeschafft. Das ist schließlich nur etwas für alte weiße Männer, die das Was- ser nicht halten können. »Ist das euer Ernst?!«, fragte ich fassungslos einen Bahnmitarbeiter. Im Freistaat gibt es bei der Bahn jetzt nur noch »Männer-WCs als Toiletten für alle«, Schlange hin, in die Hose machen her.

Nicht anders in der Luft. Auch hier hat dieses elende »Liebe Gäste« Vorfahrt, besser: Vorflug. Obwohl sich vie- le Mitarbeiter zum Beispiel der Lufthansa-Tochter Swiss nicht daran halten. Vor allem die »Queeren« unter dem Kabinenpersonal wollen diesen sprachlichen Zirkus gar nicht. Aber es ist ja wie überall: Die Nichtbetroffenen wol- len den Betroffenen oktroyieren, dass sie betroffen sein müssen. Irre!

Ich danke und gratuliere jedes Mal beim Aussteigen in Bahn und Flug, wenn man sprachlich normal und gram- matikalisch korrekt behandelt wurde. Auch an den Flug- häfen kommt es vor lauter Sternchen und »-innen« oft gar nicht mehr zum Fliegen. Wer noch halbwegs ein Gefühl für deutsche Sprache hat, soll offenbar in den Wahnsinn getrieben werden. Am Ende ist man bei Pilot*innen schon froh, wenn sie innen und nicht außen sitzen. Unvergessen eine weibliche Stimme aus dem Cockpit: »Mein Name ist Maria XY, ich bin Ihr Kapitän auf dem Flug ...« Beifall für so viel Selbstbewusstsein!

Loriot im Endstadium ist die Sicherheits-Mitteilung von amazon an die Kunden, »dem Fahrenden ein Passwort zu nennen«, damit dieser die Ware ausliefern kann. Alters- und behindertenfeindliche Diskriminierung! Denn ich muss neben dem Lieferwagen herlaufen und dem Fahrer das Passwort zubrüllen, weil er als Fahrender ja gerade am Fahren ist ...

Höhepunkt des Wahnsinns sind die Beipackzettel. Darin ist Deutschland unübertroffen: Werbung und Beipackzettel für Pharmaprodukte sind zeitgeistgerecht vom Gender-Gaga betroffen. Dafür sind viele Medikamente beim Apotheker gar nicht zu haben. Wen interessiert es, dass vor allem Kinder und chronisch Kranke das Nachsehen haben, Apotheken leer gekauft sind, es kaum mehr Produkte »Made in Germany« gibt und Deutschland medizinisch zum Entwicklungsland verkommt. Hauptsache, die Sprachpolizei ist zufrieden.

Noch schlimmer die Sache mit dem Appendix an jeder Pharmawerbung im Fernsehen, in höchster Kunst des Schnellsprech-Verfahrens vorgetragen: »Zu Risiken und Nebenwirkungen ...« Da sei nun Scharlatan Lauterbach vor! Ganze Kommissionen suchen nicht etwa fieberhaft nach Medikamenten, sondern konzentrieren sich auf »genderneutrale« und zeitgeistkonforme Formulierungen. Abgeschafft haben wir – falls das überhaupt noch jemand interessiert – die Liefersicherheit für Arzneimittel. Also

»gendergerecht« für etwas werben, was gar nicht vorhanden ist. Schilda lässt grüßen.

Des Lauterbachs neue Kleider: Der/die/das Apotheker*in/_en-Regal ist zwar nackt, aber wir bekleiden wenigstens die Werbung in den modischen Farben des Regenbogens. Bürokratie-Flut gegen Arzneimittel-Ebbe. Unfassbar: Bekämpfen sollen wir den Mangel durch familiäre Tauschaktionen und nachbarschaftliche Flohmärkte. Manches Medikament ist schon so selten, dass es ein Fall für Horst Lichter wäre: *Bares für Rares*.

Begreifen die Standesorganisationen von Ärzten und Apothekern denn nicht, wie blöd das alles ist?! Sie schlagen jetzt allen Ernstes vor, aus dem runtergeratterten Reklamespruch etwas ganz Neues, »Gerechtes«, Menschenfreundliches und regenbogentaugliches zu machen: »... fragen Sie Ihre Ärztin, Ihren Arzt oder in Ihrer Apotheke«. Pfui! Wo bleibt denn die Apothekerin, Herr Lauterbach?!

Merken die eigentlich nicht selbst, wie bekloppt das ist? Wie heuchlerisch und inkonsequent. Statt queer ist das nur noch quer im Denken. Ich habe es noch im Ohr, den Kampf gegen Internetapotheken. Da hieß es: Medikamente und Medizin bedürfen der persönlichen, authentischen und fachmännischen (!) Beratung durch diplomierte Apotheker.

Jetzt soll es heißen: »Fragen Sie in Ihrer Apotheke.« Ja, wen denn? Die Verkäuferin, die Putzfrau, die PTA ... Wie dumm ist das denn alles? Es geht doch nicht um irgendeine Behörde, es geht um Personen, die ausgewiesenermaßen Fachleute sind. Aber klar, wenn Tante Ernas Hustensaft mit Onkel Erwins Herzmittel »Flohmarkt«-kompatibel ist (Vorschlag von Ärzte-Chef Klaus Reinhardt), warum soll dann nicht »die Apotheke« beraten können – also, wer gerade da ist und Lust und Zeit hat.

Sprache schafft Wirklichkeit. Aus dem diplomierten Apotheker wird erst »die Apotheke« und dann der »Flohmarkt«. Alles mit dem Segen der zuständigen Ministerien und Verbände. Da kann man nur noch sagen: Gute Besserung, armes, krankes Deutschland! Oder um mit dem römischen Staatsmann Cicero zu sprechen: »Je näher der Zusammenbruch eines Imperiums rückt, desto verrückter sind seine Gesetze.«

Steuergeld für Eitelkeit

In Berlin führt Hollywood Regie. Blendwerk statt Bildung. Make-up und schöne Fotos statt Fachkenntnis und Kompetenz. Höfische Sitten am rot-grünen Königshof. Und dem der Landesfürsten von CDU und CSU. Bei jedem Kreuzworträtsel wird man daran erinnert, wenn es heißt: Hofmaler Friedrichs des Großen mit fünf Buchstaben.

Doch Baerbock, Habeck, Söder, Merkel und Co. haben keinen Antoine Pesne, sie beschäftigen zeitgemäß Hoffotografen und Hofvisagistinnen. Wie die Preußenkönige natürlich auf Kosten des Volkes. Sich ins rechte (Achtung! Brandmauer!) Licht rücken und für die Ewigkeit in Erinnerung bleiben, das hat Methode unter den Herrschenden. Wie weiland »Sonnenkönig« Ludwig XIV. gemäß dem Motto »Der Staat bin ich« will man Staat machen mit seiner Garderobe, seinem Aussehen, seinem Auftreten.

Birkenstock, Selbstgestricktes oder Trachtenanzug waren gestern. Heute will man mithalten mit den Macrons und Merkels, deren höfisches Gebaren Legende ist. Merkels »persönliche Visagistin« war immer auf Reisen mit dabei und für Insider ständig im Hintergrund zu sehen. Die Kosten wurden bis zuletzt geheim gehalten. Auch heute, im Ruhestand, genießt die Ex-Kanzlerin dieses steuerbezahlte Privileg einer Top-Stylistin. Wie der *Tagesspiegel* berichtet, »steht Merkel eine freiberufliche Hair- und Make-up-Artistin zur Seite – und das sogar bei nicht öffentlichen Terminen.« Kostenpunkt: rund 3 000 Euro im Monat. Für eine Rentnerin!

Fragt man die Wähler, wer Steffi Lemke ist, dann wird man zu 99 Prozent Schulterzucken ernten. Oder umgekehrt: Wie heißt die Umweltministerin der Ampel-Regierung? Das ist schon fast eine Ein-Millionen-Euro-Frage. Damit sich das ändert, hat jene Steffi im Sommer 2023 einen wichtigen Posten in ihrem grünen Ministerium ausgelobt.

Einem Ministerium, das eigentlich dafür bekannt ist, den Bürgern Steuererhöhungen und Bürokratie schmackhaft zu machen. Alles zugunsten von Umwelt und Gesundheit.

Und sparsam sollen die Untertanen sein. Das gilt natürlich nur für den Plebs, also das gemeine Volk. Und da man sich bei den Herrschenden sonst nichts gönnt, ist jetzt eine Stelle für einen Hoffotografen geschaffen worden. Sozusagen als Katapult aus der Bedeutungslosigkeit.

Die offizielle Ausschreibung steht pars pro toto: »Ein- oder zweimal jährlich kann ein großes Porträt-Shooting beauftragt werden. Darin soll die Ministerin in einem aufwändigeren Aufnahmeprozess fotografisch stärker inszeniert werden ... Eine Visagistin/Ein Visagist ist einzuplanen.« Für das Shooting sollen jeweils »vier bis sechs Stunden« eingeplant werden. Und darunter heißt es lapidar: »Geschätzter Gesamtwert – Wert ohne MwSt: 150 000 Euro«.

Ach so, es gibt auch bereits genaueste Vorstellungen, was da abgeliefert werden muss für diese allseits bekannte Hochleistungs-Spitzenfrau der Grünen: Die Fotos sollen »in mindestens drei verschiedenen Umgebungen, unterschiedlichen Lichtverhältnissen, mit wechselnder Bekleidung« gemacht werden. Kommentar des Bundes der Steuerzahler: »Es ist den Bürgern kaum zu vermitteln, dass sie auch für Visagisten und Hairstylisten von Politikern aufkommen sollen.«

Doch jene Steffi Lemke ist keineswegs die Einzige im grünen Paralleluniversum, die sich höfisches Gehabe zu eigen macht. Einen großen Schritt voraus sind ihr Außenministerin Annalena Baerbock und Wirtschaftsminister Robert Habeck. Die Herrin im Auswärtigen Amt gönnt sich eine Hof- und Leibstylistin. Sie legt im Rahmen ihrer feministischen Außenpolitik viel Wert darauf, dass Kleidung, Frisur, Teint und rundum der gesamte Style stimmen. Wenn sie schon Unsinn redet, also kein »Hinhörer« ist (Putins Wende um 360 Grad oder die Kobolde in den Batterien), soll sie doch wenigstens ein Hingucker sein.

Da der Job einer Hofstylistin sehr zeitaufwendig ist und »zahlreiche Termine an Wochenenden und zu besonderen Tageszeiten« anfallen, entlohnt Annalena die treuen Dienste großzügig aus der Staatskasse mit 7 500 Euro im Monat, also mit 90 000 Euro im Jahr. In vier Jahren Amtszeit wären dies also 360 000 Euro. Für alleinerziehende Mütter, die

Kassiererin oder einen Polizisten eine unvorstellbare Summe. Aber die haben ja auch kein Drei-Wetter-Taft-Diplom.

Außenministerin (oder doch »Äußerlichkeiten«-Ministerin, wie Josef Kraus schreibt) Baerbock engagierte die Star-Visagistin Claude Frommen, die ein amerikanisches Staatsexamen in »Barber and Cosmetology« hat. Es gibt nichts, was es nicht gibt. Und die schwärmt in *BILD*, »wie perfekt sie gestylt ist«. Mit Geschichten wie: »Baerbock verrät ihr Frische-Geheimnis« – »Außenministerin verrät ihren High-Heel-Trick«. Wenn das nicht beweist, dass die Riesensumme bestens angelegt ist. 360 Grad hin und Kobolde her.

Doch nicht nur fürs eigene Image handelt die grüne Baerbock nach dem Motto »Klotzen statt kleckern«. In Brüssel erwarb das Auswärtige Amt 2023 einen 15000 Quadratmeter großen Park mit Luxusgebäude, Innenschwimmbad und Tennisplatz. Der Bundesrechnungshof war so prüde, provinziell und antifeministisch, den üppigen Griff der Sonnenkönigin in die Pleite-Staatskasse auch noch zu kritisieren ... Maßhalten ist keine Tugend der Klima-Religiösen.

Noch mehr kostet der Habeck'sche Hoffotograf. »Der Robert«, der früher mit seinem bodenständigen Image kokettierte, wenn er selbst seine Wäsche bügelte, handelt jetzt nach dem Motto »viel hilft viel«: bis zu vier Jahre Vertragslaufzeit mit einer Vergütung von 400000 Euro – so berichtet *BILD* und nennt ihn dafür prompt »Minister Eitel«. Er kriegt jetzt Falten oder Ermüdungsblässe weggebügelt.

Die Begründung des Ministeriums für den Eitel-Edel-Hoffotografen: Die Bundesregierung habe den Auftrag, »die Bürgerinnen und Bürger transparent über ihre Arbeit und

Termine zu informieren«. Die Auftragsbeschreibung des Jobs auf Steuerzahlerkosten sieht fotografische Minister-begleitungen »sowohl bei Auslandsreisen, Inlandsreisen, aber auch bei Terminen in Berlin« vor. Die Foto-Datenban-ken, auf die wir Journalisten bei unserer alltäglichen Arbeit zurückgreifen, bieten unzählige aktuelle Minister-Bilder. Wozu also einen eigenen Hoffotografen?!

Ach, was waren das noch für Zeiten, als eine gewisse Frau Lambrecht Verteidigungsministerin war. Die schoss das Foto von ihrem Sohn im Regierungshubschrauber auf dem Weg in den Urlaub mit Zwischenstopp Truppenbe-such eigenhändig – und sich selbst damit gleich ab. Sie er-sparte dem Steuerzahler also 400 000 Euro und sich selbst gleich mit.

Nicht anders ist es bei den (ehemals) schwarzen Minis-terpräsidenten. Noch nie hat eine bayerische Staatskanz-lei so viel Geld für Eitelkeit rausgeworfen wie bei Markus Söder (CSU), dem jedoch Hendrik Wüst (CDU) in Nord-rhein-Westfalen in nichts nachsteht. Beide haben je rund 180 000 Euro allein im Jahr 2022 dafür ausgegeben, ins rechte Licht gerückt zu werden. Olaf Scholz hat laut Kanz-leramt im Jahr 2022 exakt 39 910 Euro allein »für Kosme-tik und Frisur« (!) verbraten – 2023 sogar noch wesentlich mehr.

Ich würde stattdessen einen Nachhilfeunterricht in Wirtschafts- und Energiepolitik oder Regierungskunst emp-fehlen statt eine neue Riefenstahl für Propagandafotos zur Förderung des Politiker-Personenkults. Und beim Thema Visagistin wird man schon ein wenig nachdenklich: zu Deutsch nennt man diesen Beruf nämlich Masken-Bildner.

Generell gilt: Je geringer Intellekt und Leistung, desto größer das Verlangen nach Selbstdarstellung durch Maskerade. Oder durch Denkmäler und Orden. Bei einer christlichen Politiker-Begegnung ließ ich das schöne Lied von Pfarrer Dr. Theo Lehmann und Jörg Swoboda singen, in den 1980er Jahren *das* Widerstandslied in der DDR: *Wer Gott folgt, riskiert seine Träume.* Darin heißt es u. a. »Und lehrt eure Kinder das eine, dass über Gott keiner mehr steht.« Auch nicht Honecker. Weiter heißt es in der nächsten Strophe: »Die Mächtigen kommen und gehen, und auch jedes Denkmal mal fällt ...« Wir haben es 1989 buchstäblich und hautnah erlebt!

Daraufhin sagte ein allseits bekannter CSU-Politiker alten Schlages: »Je kleiner die Leistungen, desto größer das Denkmal. Eine Kompensation der eigenen Mittelmäßigkeit.« Und wenn es nur Fotos »für die Ewigkeit« und Spachtelmasse fürs Gesicht sind ...

Vorsicht! »Linksgrunzende« Fälscher-Sau

Das Umerziehungsprogramm ist in vollem Gange. Politiker fast aller Parteien beteiligen sich eifrig. Täglich machen neue Ideen die Runde, auf die man als normaler Mensch gar nicht kommen könnte. Frauen sollen kein Eis mehr schlecken und auf züchtige Kleidung achten. Kinder kein Pony mehr reiten. Einfamilienhäuser sollen nicht mehr gebaut werden, und Fleisch ist natürlich tabu.

Bevormundung hat Hochkonjunktur. Und Deutschland soll deren Exportweltmeister werden. Wirtschaft und Fußball (m/w/d) waren gestern, selbstzerstörerische Belehrung anderer soll der neue Exportschlager werden. Weltweit, aber auch in den eigenen, natürlich nach allen Seiten offenen Grenzen verkündet unsere Elite die seit 1861 bekannte Botschaft: Am deutschen Wesen soll die Welt genesen ...

Deutschlands zweitgrößter Lebensmittelkonzern REWE versucht es jetzt mit einem Umerziehungsprogramm der besonderen Art: mit sogenannten echten Preisen bei seiner Discounterkette Penny. Dort kosteten Wiener Würstchen im letzten Sommer statt bisher 3,19 Euro plötzlich eine Woche lang satte 6,01 Euro. Preisschock mit Ansage und Absicht. Für neun Produkte wurden die »wahren Preise« berechnet. Dabei wurden auch verdeckte Kosten etwa für Klima- und Umweltsünden bei der Produktion berücksichtigt. Die Klima-Religion hatte den Ablasshandel wiederentdeckt, mit dem die katholische Kirche im Spätmittelalter so reich wurde. Diesmal nicht auf den Marktplätzen, aber zumindest im Supermarkt.

Produkte vom Würstchen bis zum Käse wurden auf einen Schlag um rund 94 Prozent teurer. Und dies in Zeiten, in denen nicht wenige Kunden jeden Euro dreimal umdrehen müssen. Aber klar: Wir leben ja in Wokistan, und der Parallelgesellschaft der Berliner Edel-Restaurant-Besucher:innen aus den Wirtschafts- und Polit-»Eliten« ist das dumme Volk ohnehin egal. Sollen die eben büßen, was Landwirtschaft und Industrie der Umwelt und dem Klima seit Jahrzehnten angetan haben mit ihren hochsubventionierten und hochprofitablen Billigprodukten.

Betreutes Denken, Sprechen und Handeln – so heißen die neuen Freiheiten. Dazu gibt es dann noch, sozusagen als Sahnehäubchen von glücklichen Kühen, deren CO_2-Ausstoß jedoch verdächtig hoch ist, die passende Propaganda.

Das fing schon vor Jahren an, mit den »CO_2-Zertifikaten« für Fluggäste. Und zum Start der »Pandemie« im Jahre 2021 belehrte uns Klima- und Corona-Kanzlerin Merkel dann am Pult des Bundestages, man könne doch aus Stoffresten selbst Masken nähen und die »bei sechzig Grad waschen«. Besser hätte es »Clementine« von Ariel nicht sagen können. Da hatte Merkel aber die Rechnung ohne ihre Parteifreunde von CDU/CSU gemacht, die in Maskenverkäufen eine blühende Einnahmequelle entdeckten. Dass die jetzt milliardenfach steuerbezahlt und umweltkatastrophal entsorgt werden, weil niemand sie will und braucht: was soll's ...

Nicht die schwäbische Hausfrau, sondern der schwäbische Landesopa hingegen entdeckte den Waschlappen neu, mit dem man energiesparend die Dusche ersetzen könne. Und wenn schon Duschen, dann nicht länger als drei Minuten, sekundierte die größte Koryphäe aller Zeiten im Wirtschaftsministerium.

Und was die Propaganda angeht, da hat man so seine Helferlein allüberall. Die werden dann schnell mal unter der Hand mit kleinen Geschenken, die bekanntlich die Freundschaft erhalten, fürstlich belohnt: Nebeneinkünfte in Millionenhöhe als Moderatoren von Veranstaltungen jener Propaganda-Parteien und -Ministerien. Dafür darf man sich dann schon mal etwas einfallen lassen, was die ideologischen Weltenretter in den Medien »begleitend unterstützt«.

Nehmen wir also REWE-Tochter Penny. Darüber mussten natürlich Jubel-Sendungen auf den Bildschirm. Und weil sich so recht niemand fand, der bei einer der beliebten Straßenumfragen freiwillig über solch irrsinnige Preiserhöhungen zum Jubeln bereit war (»das dumme Volk ist eben noch nicht so weit«), erledigte man den Beifall einfach selbst. Wie früher bei Erich am 1. Mai. Oder die »Anklatscher« in Talkshows, oder man spielt den Applaus gleich vom Band. Not macht erfinderisch. Die »Anstalten« interviewen sich gegenseitig, damit die Meinungs-Inzucht nicht in Gefahr gerät. Die Preisaufschläge seien zu begrüßen, um ein »Zeichen zu setzen«, jubilieren die Sender. Im Klartext: um die Kunden zu erziehen.

Wie der Blogger Argo Nerd herausfand, war die »positive Stimme«, die zu dieser Aktion in der *ARD-Tagesschau* zu hören war, die von einer *ARD*-Mitarbeiterin. Eine *WDR*-Moderatorin tat so, als wäre sie eine zufällige Kundin. So fragte Argo Nerd die Anstalt auf Twitter: »Liebe *Tagesschau*, es ist sicher nur mal wieder eines dieser öffentlich-rechtlichen ›Missgeschicke‹, dass eine Produktionsassistentin als zufällige Supermarktkundin, die Klima-Preisaufschläge gut findet, mit leicht verfälschtem Namen präsentiert wurde?«

In der Online-Version der *Tagesschau* wurde das gezinkte Interview schließlich entfernt. Dazu gab die *ARD* folgenden Hinweis: »Diese Sendung wurde nachträglich bearbeitet. In der ursprünglichen Version gab es einen O-Ton einer *WDR*-Mitarbeiterin, die ohne Transparenzhinweis als Kundin die Aktion bewertete. Dies entspricht nicht unseren journalistischen Standards.« Ach, tatsächlich? Und warum erfolgte diese »Korrektur« nur online, was kaum jemand liest – und nicht in der nächsten *Tagesschau*, wo die Fälschung ja ausgestrahlt worden war, an Top-Position?!

Der größte Witz bei diesem Skandal: BILD ließ gleich drei CDU-Abgeordnete gegen den Zustand der Öffentlich-Rechtlichen im Allgemeinen und diese Fälscherwerkstatt im Besonderen schäumen. Man müsse endlich zwischen Ideologie und Journalismus trennen. Kein Wort allerdings davon, dass die in Nordrhein-Westfalen regierende CDU natürlich in den Aufsichtsgremien üppig vertreten ist und – wie schon beim *RBB*-Finanz- und Personal-Skandal – bei allem fröhlich zuschaut, ja mitmacht. Die sind also genauso »unschuldig« wie jene »zufällige Kundin« im Lügen-Beitrag.

Zu diesem Fall meldete sich mein früherer *heute journal*-Kollege und spätere Intendant des *SWR*, Peter Voß zu Wort. Man habe den Eindruck gehabt, der Beitrag »könnte direkt von der Werbeabteilung des Discounters zugeliefert worden sein.« Es handele sich um ein »durchsichtiges, durchaus kalkuliertes Greenwashing« der Supermarkt-Kette. Die Philippika von Voß in der *FAZ* war ein regelrechter Wutausbruch: »In schon fast regelmäßigen Abständen läuft jeweils eine neue linksgrunzende Sau durchs öffentlich-rechtliche Dorf, von der man nicht weiß, ob sie nicht heimlich von der AfD als Wahlhelfer ernährt und gemästet wird.«

Bei einem ähnlichen Etikettenschwindel wurde der *RBB* erwischt: Straßenumfrage zum Thema Radfahren. Darin lobte ein Bürger namens Georg Kössler die Zunahme an »Push-up-Radwegen«. Die Bürger bejubeln also die Politik der rot-rot-grünen Senats-Mehrheit – so die für *RBB*-

Zuschauer erzeugte Wirklichkeit. Dass der Klimaaktivist Kössler damals noch für die Grünen im Parlament saß und diese Politik somit *hauptberuflich* verteidigte, war für die Leute vom *RBB* offenbar ein nebensächliches Faktum, das diese Wirklichkeit nur gestört hätte – deshalb ersparte man den Zuschauern diese Information.

Besonders übel geht es in den sogenannten Wahlarenen zu, in denen sich Spitzenpolitiker den Zuschauerfragen stellen. Ach, wie spontan ist das doch alles, denken sich Otto und Lieschen Normalverbraucher. Doch man wundert sich höchstens, wie kompetent und schlagfertig auch Politiker reagieren, die dafür eigentlich kaum bekannt sind. Und die natürlich den »demokratischen Parteien« angehören und nicht jenseits der Brandmauer agieren. Bestellte Fragen gibt es selbstverständlich nicht. Der Klapperstorch bringt ja auch die Babys. Und dass sich dann mal ein fragender »Bürger« als Mitarbeiter einer Parteizentrale entpuppt, was soll's ...

Wer sich halbwegs im Mediengeschäft auskennt, also, um es zeitgemäß auszudrücken, »was mit Medien macht«, der kennt die Tricks: Will man als Autor einer (besser: seiner) Meinung Nachdruck verleihen, so macht man das über eine Straßenumfrage. Selbst wenn man stundenlang suchen muss: Man findet schon eine Mehrheit, die man hinterher im Schneideraum geschickt zusammenbastelt. Bei politischen Kommentaren verpackt man seine eigene Meinung dann schon mal gern in die Formulierung: »wie aus führenden Parteikreisen zu hören ist«.

Der Manipulation sind kaum Grenzen gesetzt. Man sollte sich nur nicht erwischen lassen. Dass dies immer leichter wird, das gehört zum Segen des Internet-Zeitalters. Täuschen, tarnen, tricksen stoßen an ihre Grenzen. Vertuschen, verheimlichen, verharmlosen auch. Gott sei Dank! Möge sich eine Prophetie, die Alexander Solschenizyn zugeschrieben wird, nicht bewahrheiten: »Wir wissen, sie lügen. Sie wissen, sie lügen. Sie wissen, dass wir wissen, sie lügen. Wir wissen, dass sie wissen, dass wir wissen, sie lügen. Und trotzdem lügen sie weiter.«

So sprach Robert, der Häuptling der Indianer

Die wahnsinnig woke Gegenwart bietet Stoff ohne Ende nach dem Motto: Ist das wirklich euer Ernst? Vor allem, wenn die Hypermoralisten sich in kabarettreife Widersprüche verwickeln. Hier ist ein Stück aus der Requisitenkammer der Realsatire, alles finanziert von unseren Steuermillionen: eine besondere Abenteuerreise von zwei besonderen Sprachpolizisten auf einen besonderen Kontinent in eine ebenso besondere Region.

Die Amazonas-Regenwälder gelten mit ihrer überwältigenden Artenvielfalt zu Recht als die Kronjuwelen der Schöpfung. Mehr als 40 000 Pflanzenarten, 427 Säugetierarten, 1 294 Vogelarten und mehr als 3 000 Fischarten wurden hier bisher identifiziert. Neun Prozent des weltweiten Sauerstoffs wird hier produziert. Ausgerechnet dort fallen Onkels aus Deutschland ein, ein Kinderbuchautor und ein Sozialarbeiter, und wollen den Eingeborenen in einem Dorf nach kolonialer Gutsherrenart mal kurz erklären, was Sache ist.

Zwar kann man, so die mitreisenden deutschen Reporter, in diesem Ort Andenken per Kreditkarte kaufen, es gibt auch Fernseher und Handys. Dennoch gingen die beiden Besucher vorsichtshalber davon aus, dass die hinterwäldlerischen Waldbewohner nur eine vage Ahnung von Europa und Deutschland besitzen. So etwa wie Wirtschaftsminister Robert Habeck vom Insolvenzrecht oder von Wärmepumpen und Elektroautos.

Derselbe saß also mit seinem Kollegen Cem Özdemir in einer brasilianischen Schule und erklärte erst mal den Schüler*innen, die er wohl für Steinzeit-Analphabeten hielt, als habe er zu viel Karl May und Co gelesen: »Ich bin Robert, das ist Cem, und wir sind Minister in der deutschen Regierung – das ist so etwas wie euer Häuptling, aber in einem anderen Land.« Das hatte er wohl von Onkel Söder, der 2019 auf der Zugspitze Klima-Kinder, die späteren Klebe-Extremisten, mit den Worten begrüßte: »Ich bin der Markus – und das ist der Thorsten, unser Umweltminister.«

Die mitreisende *WELT* berichtete: »Viel beachtlicher wirkt allerdings, welche Mär aus fernem Deutschland mit Habeck an den Amazonasstrand kam. ›Für uns ist das sehr spannend zu verstehen, wie ihr im Wald leben könnt und den Wald schützen könnt, weil in Deutschland vor tausend Jahren die Deutschen alle Bäume gefällt haben‹, so der Wirtschaftsminister.« Der alte weiße Mann, der Deutschland und seine Landschaft bekanntlich nur als Standort für Windräder sieht, erklärte den brasilianischen Kindern in oberlehrerhafter Diktion: »Also, unser Wald ist mehr oder weniger weg.« Die Amazonasbewohner, meinte er, sollten es »besser machen«.

Tichys Einblick kommentiert sarkastisch: »Weg wäre der Wald ja nach Habeck'scher Lehre sowieso nicht, er hätte nur aufgehört, aus Bäumen zu bestehen. Aber schon rein faktisch besteht das Gebiet Deutschlands zu gut dreißig Prozent aus Waldfläche. Möglicherweise hatte der Robert aber gar nicht 1000 Jahre zurück-, sondern nur einige Jahre vorgegriffen.« Denn gemäß Beschluss der Koalition (inklusive der ehemals liberalen FDP) sollen die Bundesländer schon in den nächsten Jahren zwei Prozent ihrer Fläche für Windräder zur Verfügung stellen.

Das wären dann exakt 7141 Quadratkilometer, ein Gebiet mehr als dreimal so groß wie das Nachbarland Luxemburg. Allerdings kommen Siedlungs-, Verkehrs- und Industrieflächen für die Windkraftplanung gar nicht infrage. Zu Hochspannungsleitungen, Flughäfen und Straßen müssen die Windräder ebenfalls einen Sicherheitsabstand einhalten. Da nicht wenige Berliner zur Verblüffung der Politiker durchaus etwas dagegen haben, den Grunewald und das Tempelhofer Feld mit Rotoren zuzuknallen, und irgendwo im Land auch noch Lebensmittel angebaut werden sollen, bleiben als Standorte eigentlich nur noch die Wälder. *Tichys Einblick* kommentiert: »Die Energiewende kommt also mit der Kettensäge.«

Allein für die geplanten 18 Großwindräder im Reinhardswald – dem Märchenwald der Gebrüder Grimm – sollen etwa 5000 Bäume gefällt werden. Die CDU-geführte Regierung Hessens legt die Axt an. Christian Lindner von der FDP, der nicht mit auf Amazonastour war und sich dort sicher als »Häuptling, der fürsorglich für seine Indianer die Nuggets verwaltet, damit ihnen die nicht etwa Old

Shatterhand mit dem Henrystutzen oder seinem Bären-
töter wegnimmt« vorgestellt hätte, lieferte jedoch für die
gnadenlose Abholzerei deutscher Wälder schon mal eine
schöne Definition: Die Windräder sind für ihn – man lese
und staune – »Freiheitsenergien«.

Er meint sicher: Deutschland wird frei von Wäldern,
Landschaften und ganz nebenbei auch von bezahlbarem
Strom. Brüder (und natürlich Schwestern und Diverse), zur
Sonne, zur Freiheit! Ähnlich wie drastische Steuererhöhun-
gen und Schuldenberge den staunenden Bürgern neuer-
dings als »Zukunftsinvestitionen« verkauft werden. Kein
Wunder, dass auch von dieser unter die Windräder gekom-
menen Partei nur noch heiße Luft zu erwarten ist.

Während also daheim mit staatlicher Förderung Wälder
zu sogenannten Groß-Spargel-Feldern verkommen, bleibt
dem Häuptlingsduo Habeck/Özdemir kaum etwas anderes
übrig, als die »Amazonasindianer« zu ermahnen, wenigstens ihren Wald sorgsam zu behandeln. Obwohl sich doch
der Regenwald bestens für einen Mammut-Windpark eig-
nen würde. Doch für dessen Rettung gibt es Geld aus Berlin. Genauso wie für die Abholzung in Deutschland. Wenn
das kein Deal ist. Sozusagen Win-Win für den deutschen
Steuerzahler.

Während Deutschland sich also am Amazonas als Idio-
tengespann präsentierte, rumorte es daheim ein wenig
wegen dieser Häuptlingsgeschichte. Ein winziges bisschen
muckten die PC-woken Cancel-Culture-Kompagnons auf.
Da war es der ebenfalls grünen Kollegin Bettina Jarasch in
ihrem vergeblichen Hauptstadt-Wahlkampf noch ganz anders ergangen.

Die Spitzenkandidatin für die Abgeordnetenhauswahl war in einer Vorstellungsrunde gefragt worden, was sie denn als Kind für einen Berufswunsch gehabt hätte. Jarasch antwortete daraufhin wie aus der Pistole geschossen (oder besser: pfeilschnell): »Indianerhäuptling.« Damit löste die Kandidatin bei ihren woken Parteifreund*in/nen massives Entsetzen aus. Sie musste sich sogar offiziell entschuldigen. Die Stelle wurde obendrein aus einem Video vom Parteitag entfernt. In diesen Dingen sind die Deutschen nach wie vor gründlich.

Es habe sich um eine »unreflektierte Kindheitserinnerung« gehandelt, schämte sich Frau Jarasch laut *Tagesspiegel*. »Auch ich muss noch viel lernen.« Weil doppelt gebüßt besser hält, setzte sie auf Twitter noch einen drauf in Sachen Selbstgeißelung: Sie erklärte, sie habe mit einem Parteimitglied gesprochen, das von dem Indianer-Ausspruch persönlich betroffen und sich »tatsächlich verletzt« gefühlt habe. Damit ihre Aussage aus der Vorstellungsrunde »nicht uneingeordnet im Livestream« stehenbleibe, sei diese sicherheitshalber gelöscht worden.

Dort, wo vorher die inkriminierte Aussage im Parteitagsvideo zu hören war, ist nun zu lesen, dass »an dieser Stelle ein Begriff benutzt« wurde, »der herabwürdigend gegenüber Angehörigen indigener Bevölkerungsgruppen ist«. Weiter heißt es: »Auch wir lernen ständig dazu und wollen weiter daran arbeiten, unser eigenes Handeln und Sprechen auf diskriminierende Denkmuster zu hinterfragen.« Als Christ kann ich da nur flehentlich gen Himmel rufen: Kyrie eleison! Herr, erbarme dich!

Boris Reitschuster, jahrelang Korrespondent des *Focus* in

Moskau, schreibt dazu: »Dass Jarasch für ihren Kindheitswunsch eine Selbstanklage abgeben musste, die an den Geist der Selbstanklagen in der Sowjetunion unter Stalin erinnert, ist schlichtweg mit gesundem Menschenverstand nicht nachvollziehbar. Genauso wenig, wie die Entlassung eines Sportmoderators dafür, dass er Japan als ›Land der Sushis‹ bezeichnete – was es zweifelsohne ist.«

Der Hintergrund sei der Stalinismus um 1930, als Menschen oft willkürlich beschuldigt wurden. Nicht selten wegen absurder Dinge. Die sowjetischen Autoren Ilf und Petrow (*12 Stühle*) prägten dazu den Ausdruck »Land der unerschrockenen Idioten«. Solche Beschuldigungen mussten stets ernst genommen werden. Es folgte das Ritual von »Kritik und Selbstkritik«, ein zentrales Element stalinistischer Machtpraxis. Der Beschuldigte durfte sich nämlich grundsätzlich nicht gegen die Kritik verteidigen, sondern musste sie sich zu eigen machen und durch möglichst extreme Selbstkritik noch bestärken. Die Verweigerung des Rituals war das sichere Ende, mindestens der Karriere, wenn nicht des Lebens.

Zu den beiden Häuptlingsaffären kann man nur sagen: Manchmal sind es die Kleinigkeiten, die mehr über den Zustand einer Gesellschaft aussagen als die längsten Analysen der programmatischen Verfehlungen. Und noch dazu, wenn es in so lächerliche, leicht durchschaubare Heuchelei ausartet. Was an der Spree verboten sein soll, gilt ausgerechnet am Amazonas als hoffähig. Das ist die typische Arroganz der Grünen. Howgh! Ich habe gesprochen!

Doch es wird immer verrückter: Als am Heiligen Abend 2023 mehr als 160 Christen in Nigeria von Islamisten bru tal abgeschlachtet wurden, interessierten sich die Mainstreammedien und die Kirchen hierzulande kaum dafür. Nur die grüne Blase und ihr Lautsprecher *ZEIT* kannten schon den Grund: der Klimawandel sei schuld, weil er Afrika austrocknen lässt und Kriege um fruchtbares Land verursache. Wenn jedoch etwas ausgetrocknet ist, dann deren Hirne.

Und sie halten es wohl für normal, dass der Kölner Dom am selben Tag ein Hochsicherheitstrakt war. Da passt das Adventslied »Macht hoch die Tür ...« Weite Tore für unkontrollierten Zuzug, vor dem Christen beim Kirchgang geschützt werden müssen. Was kommt als Nächstes?!

Meldung machen

Was einst dem Militär oder der Schifffahrt vorbehalten war, hat sich inzwischen zum Volkssport entwickelt. Was mal Kennzeichen einer gut funktionierenden Diktatur war, ist nun ideologisches Allgemeingut. Was auch der größte Idiot kann, wenn er nur genug Haltung besitzt, dann ist es dies: Meldung machen. »Der größte Lump im ganzen Land, das ist und bleibt der Denunziant«, wusste schon Hoffmann von Fallersleben, der Dichter des Deutschlandliedes. Das war einmal. Denn so nennen wir den Denunzianten nicht mehr. Er wird sozusagen geframt und mit euphemistischem Jubel als »Helfer« geadelt. Anschwärzen wäre ja auch Rassismus. Helfen klingt besser.

»Sie müssen uns helfen«, sagte eine Kanzlerin zu den führenden Journalisten, wenn sie Hofberichterstattung über Corona, Klima und Krieg oder die maritime Zuwanderung von Facharbeitern und Ärzten meinte. Ich hab's erlebt. Helfen sollen auch die Bürger. Damit's allen wohl ergehe.

Und so gibt's nun überall Meldestellen. Man könnte es allerdings auch schlicht Denunziations-Portale nennen. Die Gesundheitsbehörden hatten zwar noch nicht mal Faxgeräte, sodass man heute die Verbrechen der letzten Jahre nachweisen könnte. Doch für die Meldestellen hat man perfekte Logistik. Ist ja auch wichtiger. Bei Corona konnte man sogar innerdeutsche Grenzen schließen. Für unsere Außengrenzen scheint das nicht möglich. Irre.

Sozusagen aus dem Homeoffice können Bürger mit Haltung alles melden, was Vater Staat oder Mutti Kanzlerin dient. Oder Nancy oder Olaf oder Markus oder Hendrik ... Das CDU-regierte Essen rekrutierte bei »Corona« die »Helfer« am schnellsten – via Online-Melde-Formular. Die Ruhrgebietsmetropole ermunterte sogar dazu, Videobeweise von »Corona-Verstößen« ins Netz zu stellen. Tja, da brauchte es die »Ampel« gar nicht erst.

Am helferfreundlichsten ist ohnehin das CDU-geführte NRW, wo es regierungsamtlich heißt: »Ein bundesweit einzigartiges Netz gegen Diskriminierung«. Bekannte Verfassungsrechtler sprechen dagegen von einem einzigartig dichten Netz von Denunziation. Dabei meinen es Wüst und Co doch nur gut mit uns: Jeder soll Diskriminierungserlebnisse melden können. Frei von der Leber. Sogar Kritiker der Gender-Sprache, die doch die CDU angeblich abschaffen will.

Gerade Deutsche haben auffällig Lust am Denunzieren. Typisch bereits 1914 in Heinrich Manns *Der Untertan* beschrieben. Auch der aktuelle Widerstand hält sich in Grenzen. Und wer widersteht, ist sowieso Nazi und wird sofort gemeldet. Irgendein Portal dafür gibt's immer.

Deutliche Worte im Kommentar der *Frankfurter Rundschau*: »Wow, ein solches Portal hat dieses Land gerade noch gebraucht, wo Frau X oder Herr Y anonym Leute anschwärzen können, die ihnen schon länger auf den Keks gehen. ›Hast du es gesehen? Die aus der Zweiten hatte ihre Maske unter der Nase hängen.‹«

Das kitzele »so ziemlich die niedersten Instinkte hervor«, obwohl jeder ja eigentlich seit der Krabbelstube wisse, dass Petzen einsam macht.

Ganz ähnlich die Definition von Denunziation selbst bei *Wikipedia*: »... eine öffentliche Beschuldigung oder Anzeige einer Person oder Gruppe aus nicht selten niedrigen persönlichen oder oft politischen Beweggründen, von deren Ergebnis der Denunziant sich selbst oder den durch ihn vertretenen Interessen einen Vorteil verspricht.«

Petzen kennt man ja schon aus dem Kindergarten und dem Sandkasten. Denunzieren ist »eine Art Schuldausgleich, ein Schmerzensgeld, das im Falle der Denunziation für gerechtfertigt gehalten wird, weil aus Sicht eines Denunzianten die Verletzung von Recht und Ordnung stattgefunden hat«, schreibt *Achgut*.

Die Genugtuung darüber ist allerdings oft nur von kurzer Dauer. Judas ging hin und erhängte sich, nachdem er Christus denunziert hatte, wie Bibelleser wissen – doch ausgerechnet Christen beteiligen sich heute heftigst am »Helfen«.

Wer zum Denunzieren aufruft, appelliert an die niedersten Instinkte erbärmlicher Zuträger. Und entlarvt sich damit selbst als (politischer) Zwerg. Nur Schwächlinge und Opportunisten halten sich so an der Macht. Arme Kreaturen! In der Demokratie können sie dafür wenigstens noch bei Wahlen abgestraft werden.

Wohin das alles führt, zeigen die neuesten Studien von Allensbach und INSA: Nur rund vierzig Prozent der Befragten haben angegeben, noch frei ihre Meinung äußern zu können. So viele wie nie seit Beginn dieser Umfragen meinen, »lieber vorsichtig« sein zu müssen. Der preisgekrönte Kollege Ralf Schuler mit Ost-Biografie kommentiert das niederschmetternd: »Es ist noch schlimmer als in der DDR!«

Männer unerwünscht

Wir leben in einer Zeit des galoppierenden Wahnsinns. Kollege Boris Reitschuster spießte im Herbst 2023 einen besonders schweren Fall auf. Reif für die Anstalt. Besser kann man's nicht beschreiben: »Auf der nach oben offenen Richter-Skala des Ideologie-Wahnsinns in Deutschland hat Nancy Faeser bereits mehrmals rekordverdächtige Höhen erklommen. Doch jetzt übertrifft sich die auf dem linken Auge blinde Ideologin und ›Kämpferin gegen rechts‹ selbst.«

Und das tut sie als Innenministerin, die als Verfassungsministerin eigentlich dazu da ist, das Grundgesetz zu schützen. Dort heißt es im Artikel 3: »Alle Menschen sind vor dem Gesetz gleich. Männer und Frauen sind gleichberechtigt. Der Staat fördert die tatsächliche Durchsetzung der Gleichberechtigung von Frauen und Männern und wirkt auf die Beseitigung bestehender Nachteile hin.« Doch darauf pfeift diese Dame. Als (anschließend krachend gescheiterte) Spitzenkandidatin der hessischen SPD lud sie zu einer Pressekonferenz nach einer gemeinsamen Main-Schifffahrt der drei Ministerpräsidentinnen Malu Dreyer, Anke Rehlinger und Manuela Schwesig (alle SPD) ein.

In der Einladung an die Medien heißt es: »Mit Blick auf die ausschließlich weiblichen Gäste der Schifffahrt fänden wir es thematisch stimmig, wenn auch die Presseplätze mit Frauen besetzt würden.« Zwar würden männliche Journalisten nicht abgewiesen (wie gnädig!), aber die Veranstalter würden sich »wirklich freuen«, wenn die Redaktionen ausschließlich Frauen schickten. Ist das wirklich euer Ernst? Ja, es ist so, und man fasst es nicht.

Selbst der hessischen Landespressekonferenz, die sonst jeglicher Distanz zur SPD unverdächtig ist, war das zu viel. »Das ist nicht lustig, sondern ein Anschlag auf die Freiheit der Presse«, sagte deren Vorsitzender. Dass ausgerechnet die Innenministerin, die unter anderem für den Schutz der Verfassung zuständig ist, ernsthaft glaubt, sie könnte Männer von einer Pressekonferenz einfach ausschließen, zeigt, dass wir von Ideologen regiert werden, die auch noch so dumm sind, sich bei einem solchen Verstoß gegen den Gleichheitsgrundsatz in flagranti erwischen zu lassen.

Von Idioten, also Nicht-Fachfrauen, die noch nicht mal die Grundartikel des Grundgesetzes kennen. Die sich einen Dreck darum scheren, was sie doch sonst immer gebetsmühlenartig predigen: Toleranz, Gleichberechtigung, Gerechtigkeit. Niemand delegitimiert unsere Demokratie derzeit so sehr wie diese Ideologen im Staatsamt. Und wie wichtig ihnen Kommunikation ist, zeigt ein terminlich paralleles Ereignis: Die größte Verteidigungsministerin aller Zeiten, eine Frau Lambrecht, hatte für die Bundeswehr Funkgeräte im Wert von 1,5 Milliarden Euro (ja: Milliarden, nicht Millionen!) bestellt, die sich als völlig unbrauchbar erwiesen. Hätte diese Dame doch nur Gerät*innen geordert, dann wäre das nicht passiert ...

Was, so fragt Boris Reitschuster zu Recht, soll denn als Nächstes kommen? »Eine Pressekonferenz nur noch für Dunkelhaarige? Oder Dunkelhäutige? Oder nur noch für Journalisten mit Migrationshintergrund? Oder Trans-Journalisten?« An Bord des Narrenschiffes waren dann aber doch einige Breitschultrige und Bärtige: Ob es Kameraleute, Sicherheitsbeamte oder doch Journalisten waren, ist nicht völlig geklärt. Den Wahnsinn in seinem Lauf haben dann aber trotzdem erst die Wähler gestoppt, die der Hessen-SPD das schlechteste Ergebnis ihrer Geschichte bescherten. Doch zur Belohnung sind sie nun von der CDU eingeladen, mitzuregieren. Noch Fragen?

Schwarzfahren und englisch einkaufen

Zufall ist ein Pseudonym Gottes. Just an dem Tag, als ich es dann doch mal wage, aus meinem Feriendomizil wenigstens für ein paar Stunden nach San Francisco zu fahren, bekomme ich die nachfolgende Meldung. Ich lese sie auf der Fähre von Sausalito, gerade an Alcatraz vorbei – die überwältigende Golden Gate Bridge vor Augen. Als ich vor dreißig Jahren zum ersten Mal hier war, erschien mir San Francisco als eine der schönsten Städte der Welt. Ich war seither immer mal wieder eine Woche dort. Aus und vorbei. Die Stadt ist nicht mehr wiederzuerkennen. Soll das bald auch für Wiesbaden gelten?

Hessens Hauptstadt, in der die CDU-Regierung ihren Sitz hat, gibt »Schwarz« einen neuen Sinn, einen mehrfachen (den ich nicht weiter ausführen will). »Wiesbaden schafft Bestrafung von Schwarzfahren ab«, lese ich. Die Begründung für diesen erstaunlichen Schritt klingt so, als stünden die Stadträte unter Lauterbachs Drogen, zumindest unter Rheingauer Promille.

»Die Gerichte entlasten, Gefängniskosten sparen und Armut nicht zusätzlich hart bestrafen. Die Argumente gegen eine strafrechtliche Verfolgung von Schwarzfahrern klingen eingängig«, schreibt die *FAZ* und fährt fort: »Sie sind es aber nicht. Der Arbeitsaufwand, den die Verfolgung eines Deliktes für die Ermittler und die Richter bedeutet, kann in einem Rechtsstaat kein Argument für dessen Streichung aus dem Strafrechtskatalog sein. Gegebenenfalls muss dieser Rechtsstaat eben die Kapazitäten aufbauen, um dem Recht zeitnah Geltung zu verschaffen.« So weit, so richtig.

Andere Medien beschäftigen sich derweil mit dem wirklich Wesentlichen: Wie kann man nur von »Schwarzfahren« sprechen?! Was für ein übler Rassismus. Wie kann man »schwarz« auch nur denken? Hinfort mit dieser teuflischen Sprache. Pfui, aber auch. Das ist doch nun wahrlich das Hauptproblem. Die Benennung, nicht der Betrug als solcher: »Weil er mittlerweile als rassistisch eingestuft wird, streichen immer mehr Verkehrsverbünde den Begriff ›Schwarzfahrer‹. Auch wenn das Wort keinen rassistischen Ursprung hat, wollen sie mit der Abschaffung des Begriffs verhindern, in den Fokus von Diskussionen zu gelangen.« (*Merkurist.de*)

So, nun weiß ich auch darüber Bescheid. Wäre doch gelacht, wenn die Umerziehung nicht auch in CDU-Regionen funktionieren würde, die früher bekanntlich selbst »die Schwarzen« genannt wurden. Man nennt es beschönigend »Entkriminalisierung«. Klingt doch schöner als Unrecht zu Recht machen. Der Ehrliche bleibt der Dumme – und muss diese idiotische Ideologie auch noch finanzieren.

Ich bin also per Schiff auf dem Weg nach San Francisco. Natürlich fahre ich als alter weißer Mann nicht schwarz. Aber mein Ziel ist in den letzten Jahren quasi ein Selbstbedienungsladen für Kriminelle, ein Eldorado für Obdachlose, Fixer und Dealer geworden, eine Stadt, in der verbarrikadierte Läden und geschlossene Kaufhäuser, Restaurants und Hotels mittlerweile zum Alltag gehören. An der einst berühmten Fisherman's Wharf nichts als schreiendes Elend. Kaum noch Touristen, dafür umso mehr Bettler und Obdachlose. Zwanzig Jahre lang waren die Holzstege vor Pier 39 die Heimat von 1 500 Seelöwen. Die Touristen-Attraktion überhaupt. Selbst die Tiere ziehen sich jetzt regelmäßig zurück und schauen nur ab und zu, ob sich etwas geändert hat.

Hintergrund: So wie in Wiesbaden das Schwarzfahren »entkriminalisiert« wurde, hat sich die links-demokratische Hochburg Kaliforniens entschlossen, das Klauen nicht mehr strafrechtlich zu verfolgen. Die »Proposition 47«

wurde 2014 eingeführt und stuft Ladendiebstahl von einer »Straftat« zu einer »Ordnungswidrigkeit« herab, wenn der Wert der Ware 950 Dollar nicht übersteigt. »Das Coronavirus ist fast verschwunden, doch eine andere Pandemie treibt nun die Stadt um: Ladendiebe plündern Drogeriemärkte im großen Stil. Konsequenzen müssen die Täter kaum fürchten«, beklagt die *Neue Zürcher Zeitung* (*NZZ*).

»San Francisco ist ein komplettes Shithole. Ich bin eine registrierte Demokratin. Doch kann ich mit Gewissheit sagen, dass linke Politiker die Städte ruinieren.« So die Schauspielerin Sara Foster auf *Instagram*. Die Äußerung machte in den sozialen Medien schnell die Runde.

Ein Wachmann berichtet: »Sie kommen nicht mit Einkaufsbeuteln. Sie schnappen sich unsere Einkaufswagen, füllen sie bis oben hin und gehen schnurstracks raus. Sie nehmen sich auch unsere Müllsäcke und füllen sie mit Waren. Oder sie kommen mit Reisetaschen. Jeden Tag sind es dieselben Ladendiebe. Weil sie wissen, dass sie das dürfen. Und sie kennen die Politik.« (*Achgut.com*)

Bilanz: »Chaos und Gesetzlosigkeit haben sich breitgemacht. Ladendiebstähle werden nicht mehr verfolgt, Langfinger und Drogendealer genießen Narrenfreiheit.«

Die Situation in Los Angeles ist nicht besser. Im Juli 2021 wurde ein Mitarbeiter der Drogeriemarktkette Rite Aid erschossen, als er zwei Männer zur Rede stellte, die das Geschäft mit zwei Kästen Bier verlassen wollten, ohne zu zahlen.

Und 2020, während der Welle von Anti-Polizei-Demonstrationen, kündigte San Franciscos Bürgermeisterin Breed an, den Polizeietat um 120 Millionen Dollar zu kürzen. Das

Geld sollte für die Förderung schwarzer Jugendlicher verwandt werden. Jetzt versinkt die Metropole in Kriminalität und Chaos. Selbst der frühere Chef der Feuerwehr wurde Opfer eines Angriffs, der fast tödlich endete.

Wer Recht und Gesetz nur einen Spalt breit nivelliert, erntet eine Flut von Kriminalität. Kavaliersdelikte gibt es eben nur in Romanen oder Filmen. Es beginnt bei der Bagatellisierung von Ladendiebstahl und Schwarzfahren. Und endet ...

Tja, viel Spaß also mit Lauterbachs Cannabis-Legalisierung. Viel Spaß auch in Wiesbaden, dem »Nizza des Nordens«, einst Kurstadt für Kaiser Wilhelm und andere gekrönte Häupter. Vielleicht dürfen Schwarzfahrer dann bald, von Cannabis beflügelt, »englisch einkaufen«.

Wie zur Bestätigung wirft der erste Supermarkt (ausgerechnet im CSU-Bayern!) an Weihnachten 2023 das Handtuch: »Asylbewerber aus dem benachbarten Flüchtlingsheim machen sich die Einkaufstaschen voll und hauen ab, ohne die Ware zu bezahlen«, klagt der EDEKA-Chef im Donau-Einkaufszentrum Regensburg auf Facebook und fügt hinzu: »Durch unterlassenes Handeln der Politik wird die Wirtschaft ruiniert ... Und für die ehrliche Bevölkerung wird bald alles noch teurer.« Na toll! San Francisco in Bayern.

Kohlhiesels Deckelchen und die EU

Sie wissen nicht, wozu die EU da ist? Ein Beispiel soll deutlich machen, dass es den Kosmos ohne diese EU eigentlich gar nicht mehr gäbe. So wären wir längst erstickt an unserem Müll. Wir hätten längst Klima und Umwelt zerstört. Ja, die Menschheit wäre nicht nur ärmer ohne die EU. Es gäbe sie schlichtweg gar nicht mehr.

Liselotte gab einst den Ton an, als es Uschi noch gar nicht gab. Und auch ihren Mini-Apparat von 32 000 Brüsseler Beamten noch nicht, der für schlappe vier Milliarden Euro Personalkosten jährlich für unser Wohlbefinden, unser Glück und auch für die Rettung der Welt sorgt. Zum Beispiel mit der EU-Richtlinie 2019/904. Die hatte Liselotte schon 1962 vorausgesehen (besser: vorher gesungen), da war unsere Uschi gerade mal vier Jahre alt und wurde von Papa Ernst Albrecht »Röschen« genannt.

Liselotte Pulver hingegen sang in dem legendären Heimatfilm *Kohlhiesels Töchter* ein Lied mit dem Refrain: »Jedes Töpfchen find' sein Deckelchen ...« Unsere Uschi hat's dann gefunden, jenes Deckelchen. Jahrzehnte später, als sie EU-Kommissionspräsidentin war. Eben in jener EU-Richtlinie 2019/904. Der haben wir es zu verdanken, dass wir nicht mehr aus der Flasche trinken können, ohne uns zu verletzen oder zumindest zu bekleckern. Deckel abschrauben und bequem aus der Pulle schlürfen? Das war einmal. Heute bleibt der Deckel dran und hat sozusagen auf ewig sein »Töpfchen« gefunden.

Allen Ernstes erklären uns ein paar jener knapp besoldeten Beamten, man wäre bei Strandspaziergängen auf diese Idee gekommen. Überall lägen diese Schraubverschlüsse herum, weil die bösen Trinker allein die Flaschen ordentlich entsorgen würden, nicht aber die Deckelchen. Die Lösung: Der Deckel lässt sich ab sofort nicht mehr von der Flasche entfernen.

Wie dem auch sei: Ganz gleich, ob das nun ein sicheres und sauberes Trinken verhindert. Das Deckelchen bleibt am Töpfchen, basta! Damit die Kunden nicht versehentlich an den Verschlüssen zerren, werden sie durch einen offiziellen EU-Aufdruck ermahnt: »Lass mich dran fürs Recycling.« Wäre doch was zum Vertonen für Liselotte. Singende Deckelchen mit einem pfiffigen Lass-mich-dran-Song: Let it beeeeee ...

Damit ist nun wirklich ein zentrales Problem der Weltpolitik gelöst. Danke an Liselotte und Uschi. Weniger Müll heißt zum Beispiel weniger Fische (Strand!) mit Plastik im Magen.

Wobei mir so ganz nebenbei einfällt: Was ist eigentlich mit den Milliarden völlig überflüssiger und zum Teil tödlicher Spritzen der letzten vier Jahre – toxisch für Umwelt und Mensch gleichermaßen. Was ist mit dem Plastikmüll aus Milliarden ebenfalls sinnloser Tests? Und was mit den Milliarden und Abermilliarden von Masken, die zwar wenig geholfen, dafür jedoch Euro-Millionen in Politiker-Taschen gespült und den Müll vermehrt haben?

Haben nicht längst auch Fische diese herrlichen Plastik-Einweg-Super-Corona-Maßnahmen im Körper, die das Heil auf Erden versprachen – und deren Wirksamkeit nicht nur umstritten ist, nein, die auch todbringende Nebenwirkungen haben. Die Klagewellen fluten gerade über die Gerichte wie einst die Deckelchen über die Strände. Das alles verdanken wir der segensreichen EU.

Ach so: Wer von den EU-Herrschaften trinkt denn schon aus der Flasche? Die bekommen diesen Irrsinn gar nicht mit. Die Brüsseler Parallelwelt greift doch, wie grüne Politiker hierzulande auch allzu gern, zum kristallenen Champagner-Kelch, wenn sie ihre Triumphe gegen das dumme Volk feiern.

Von der heiligen Geistkraft und dem queeren Gott

Ich verstehe beim besten Willen nicht, warum viele Kirchen nicht nur leer, sondern gähnend leer sind. Es gibt doch die wunderbaren Materialien »Gottesdienst geschlechter*gerecht feiern« der Evangelischen Kirche Berlin-Brandenburg. Da müssten die Leute sowas von strömen. Schon die Einleitung sorgt für allgemeine Verständlichkeit, einladende Wortwahl und eine echte Willkommenskultur für alle Bildungsschichten ... Oder nicht doch besser: für das Promille von Menschen, das einen irgendwie verqueren Bildungshorizont hat. Also eher im Adenauer'schen Sinn: »Wir leben alle unter dem gleichen Himmel, aber wir haben nicht alle den gleichen Horizont.«

So heißt es in einer Sprache, die jeden normal denkenden Menschen ohne Fremdwörterlexikon oder Google-Zugriff ratlos macht und die babylonische Sprachverwirrung wieder aufleben lässt – obwohl sich sowohl Jesus als auch Luther erfolgreich darum bemüht haben, für jeden begrifflich begreifbar zu sprechen: »In der postsäkularen, globalisierten Gesellschaft, in der friedliches Zusammenleben von Neoliberalismus und lebensfeindlichen Macht- und Körperpolitiken bedroht wird, bedeutet öffentliche religiöse Performanz ein unverzichtbares Potential für das Aufbrechen hierarchisierender essentialisierter, naturalisierter intersektionaler Kategorien wie ›Geschlecht‹, ›Sexualität‹, ›Race‹, ›Klasse‹, ›Körperliche Befähigung‹, ›Religion‹ etc. ... In der Sichtbarkeit, körperlichen Ko-Präsenz und Materialität öffentlicher Gottesdienste manifestiert sich die ›offizielle Konsens-Theologie‹ einer Gemeinschaft performativ. Es ist gerade hier, wo die Affirmation und das Sichtbarmachen nicht-traditioneller Fürsorgebeziehungen, das Empowerment von Beziehungen, Lebensentwürfen und von Subjektpositionen, die vom Mainstream abweichen, greifbar werden.«

Alles klar? Bitte, noch mal laut vorlesen! So klingt es noch schöner. Weiter heißt es u.a.: »Die Webseite soll nicht nur einen nachhaltigen Beitrag zum De-Gendering vorgeblich geschlechtsneutraler Liturgie, sondern auch zur Dekolonisation hierarchischer und eurozentristischer Gebetssprache leisten.« Wohlgemerkt: Hierbei handelt es sich nicht um den Karneval der Kulturen, auch nicht um eine Büttenrede oder eine psychiatrische Studie. Nein, das schreibt eine kirchensteuerfinanzierte Kommission allen Ernstes als Leitfaden für die Erneuerung einer Kirche, aus der Jahr für Jahr Hunderttausende die Flucht ergreifen.

Nur zwei Kostproben für den Gottesdienst. Manche meinen schon böswillig: Götzendienst. Statt des seit Jahrhunderten bekannten »Im Namen des Vaters, des Sohnes und des Heiligen Geistes« soll es nun heißen: »*Im Namen G*ttes, Ursprung der Lebendigkeit vor aller Zeit. Im Namen Jesu, Zeichen der Versöhnung für alle Zeit. Im Namen der Heiligen Geistkraft, lebendig, versöhnend, hier und jetzt.*« Na, wenn das nichts ist! Statt »Ehre sei dem Vater ...« wird nun dem Konfirmanden wie der Oma tatsächlich vorgeschlagen: *»Ehre* *sei dem dreieinigen Gott, der elterlich sorgt, als Gottes Kind mit den Menschen lebt und durch die Geistkraft wirkt. Wie es war im Anfang, jetzt und immerdar, und von Ewigkeit zu Ewigkeit. Amen.«* Das ist nun wirklich kinderleicht zu verstehen und nachzusprechen.

Wenn jetzt die Leute nicht strömen und die Kirchen aus allen Nähten platzen, dann weiß ich's auch nicht ... Ach, fast hätte ich es vergessen: Der selbst unter Atheisten noch bekannte Psalm 23 soll jetzt so gelesen werden: *»G*tt ist mein*e Hirt*in, mir wird nichts mangeln ...«* Höchstens an Verstand, oder? Das klingt ein bisschen wie die Hisbollah-Kommandeur*innen, die das *ZDF* »sprachsensibel« erfand. Bei den Liedern im Gottesdienst soll das Wort »Herr« durch *»Gott«* ersetzt werden. Die Anregung für die siebte Strophe im Lied *Der Mond ist aufgegangen* lautet: *»So legt euch, Schwestern, Brüder .... und alle kranken Menschen auch.«* Hier sollen *»Kantor*innen und Pfarrer*innen«* Hilfestellung geben. Na, dann helft euch mal schön auf dem Irrweg durch den Dschungel von Idiotie und Ideologie.

Eine kleine Kostprobe gab's auf dem Evangelischen Kirchentag 2023 in Nürnberg. In der sogenannten Predigt beim Abschlussgottesdienst hieß es vor laufenden Fernsehkameras: *»Jetzt ist die Zeit, zu sagen: Wir sind alle die Letzte Generation. Jetzt ist die Zeit zu sagen: Black lives always matter. Jetzt ist die Zeit, zu sagen: Gott ist queer.«* Na ja, das mit der »letzten Generation« stimmt wohl: Wer Beine hat, läuft aus den Kirchen weg, und der Ausverkauf der Kirchengebäude ist in vollem Gange. Da macht wirklich bald der Letzte das Licht aus.

Direkt hinter dem Prediger dieser obskuren Theologie

saß der Präsident des Kirchentages, der das alles verantwortet: Thomas de Maizière. Und der ist von der CDU. Hat er Wohlgefallen empfunden bei diesem Schwachsinn? Eingegriffen hat er jedenfalls nicht.

Und da ist es nur noch das Tüpfelchen auf dem i, wenn der einst renommierte »Ökumenische Predigtpreis« im Jahr 2023 an eine politische Klimaextremistin sowie an eine künftige »Queer-Pastorin« geht.

Tja, man kann als alter weißer Mann wirklich noch was lernen: Das Himmelreich sei »ganz nahe«, heißt es, wenn man »*Gottes Straße queer macht*«. Den Klima-Predigtpreis bekommt eine 27-Jährige doch tatsächlich »für ihr Lebenswerk«. Wow, die Kirchen scheinen es eilig zu haben ...

An Heiligabend 2023 bot die Berliner Galiläa-Kirche ein »queer-feministisches Krippenspiel« für jene Menschen an, »die vom herkömmlichen Bild der weihnachtlichen Kernfamilie ausgeschlossen sind«. Es geht um Josy und Marie, ein »weiblich gelesenes Liebespaar«, das ungewollt schwanger wurde. Anschließend wurde zu einem Essen mit »Drag-Show« eingeladen – alles vom »Innovationsfonds« finanziert, also von Kirchensteuern.

Da kann man nur mit Otto Riethmüller flehen, der von den Nationalsozialisten in den Tod getrieben wurde und 1938 mit nur 48 Jahren starb: »In die Wirrnis dieser Zeit fahre, Strahl der Ewigkeit.« Oder im Sinne des jahrtausendealten Gebetsrufes: Kyrie eleison! Herr, erbarme dich!

Schneewittchen ohne Zwerge –
Disney ohne Hirn

Die Cancel-Culture-Krieger schrecken vor nichts zurück. Heilig ist ihnen ja ohnehin nichts. Vor ihrem Furor ist nichts mehr sicher. Der woke Wahn fegt wie ein Tsunami über die westliche Welt, die sich doch so gern ihrer »Werte« rühmt. Tradition, Kultur und Geschichte scheinen nicht mehr dazuzugehören.

Nach Karl May und Astrid Lindgren dauerte es nicht lange, bis es gleich zwei alten weißen Männern an den Kragen ging: Den Brüdern Jacob und Wilhelm Grimm. Ihr Märchen *Schneewittchen und die sieben Zwerge* bekam bei der Neuverfilmung durch den hyper-woken Disney-Konzern einen völlig pervertierten Inhalt samt sonderbaren Darstellern. Oder, wie es in diesen Kreisen heißt: Darstellende oder Darsteller*innen.

Seit 1812 unangetastet, wurde nun eine Truppe zusammengestellt, die eher an einen schrill-bunten Karneval der Kulturen erinnert als an das Märchen mit den sieben Zwergen. Sechs von sieben Zwergen sind größer als Schneewittchen, und möglichst diverse Hautfarben, Frisuren und Trachten machen das Märchen zu einer Gutmenschen-Karikatur.

Und wieder einmal gilt: Was da noch nicht mal gut gemeint ist (weil pure Ideologie), ist in Wahrheit Idiotie. Denn die sieben Gefährten Schneewittchens sind ja nicht zufällig solche fleißigen kleinen Gesellen, wie eigentlich jeder wissen könnte, der nicht Opfer des Bildungsnotstands wurde. Aber das ist den woken Idioten egal, sie wollen vor allem ihre Ideologie durchsetzen und nichts von der eigentlichen Bedeutung der Dinge wissen. Zu viel Bildung stört da nur.

»Der Grimm-Klassiker wird zur politisch korrekten Regenbogen-Mär. Disney, *die* Hollywood-Schaumfabrik, schleudert das urdeutsche Märchen im Woke-Waschgang durch«, schreibt die *BILD-Zeitung.* »Wokeness gleicht einer Schwangerschaft: Ein bisschen woke sein geht nicht. Wen die diversen Krieger der sozialen Gerechtigkeit erst einmal ›aufgeweckt‹ haben, den lassen sie so schnell nicht mehr zur Ruhe kommen«, vermutet dagegen die *Junge Freiheit.* Mit anderen Worten: Wer mit der moralischen Verschlimmbesserei einmal angefangen hat, zerstört am Ende alles: Universitäten, Schulen und natürlich auch Kinder- und Hausmärchen.

Klar, dass *Schneewittchen* bei den Jüngern der »Sekte von der bunten Vielfalt« nicht mehr »so weiß wie Schnee« sein darf. Das versteht sich von selbst. Die Hauptrolle hat der heute für Gehirnwäsche und Umerziehung zuständige US-Unterhaltungsriese Disney (1923 von zwei alten weißen Männern gegründet) mit einer lateinamerikanischen Schauspielerin besetzt. Das entspricht den Erwartungen der Kinobesucher in etwa so, als hätte man Onkel Tom von der gleichnamigen »Hütte« mit George Clooney inszeniert.

Und obwohl die woken Hollywood-Autoren und Schauspieler der Nach-Reagan-Zeit schon an alles gedacht zu haben glaubten, wurden sie plötzlich vom selbsternannten Sprecher einer Mini-Minderheit eines Besseren belehrt. Der kleinwüchsige *Game of Thrones*-Darsteller Peter Dinklage, Sohn eines deutschstämmigen Versicherungsvertreters, warf den Filmemachern doch tatsächlich Scheinheiligkeit vor. Während sie sich nämlich für eine Latina namens Schneewittchen feiern ließen, hatten sie an den sieben Zwergen festhalten wollen. Er mit seiner Achondroplasie sei schließlich betroffen und könne das nicht akzeptieren. Sofort stand der Riesenkonzern stramm vor dem kleinen Mann und machte aus den Grimm'schen Zwergen gehorsamst Dinklage'sche »magische Kreaturen«.

Ganz nebenbei hat dieser Topstar unter den kleinwüchsigen Darstellern und Kämpfer für woke Diversität damit seine kleinwüchsigen Kollegen um sieben lukrative Rollen gebracht. Doch Disney behauptet, man hätte zuvor »Beratungen mit Kleinwüchsigen-Organisationen« geführt. Von denen jedoch melden sich immer mehr, die überhaupt kein Problem damit haben, so dargestellt zu werden, wie sie eben sind.

Erinnert mich sehr an meinen ersten Erfolgstitel im Lübbe-Verlag *Rettet das Zigeunerschnitzel!* Die riesige Aufregung brachte dem Buch einen gigantischen Start auf den Bestsellerlisten. Und eine rumänische Linken-Abgeordnete im Europaparlament erklärte locker: »Behaltet doch euer Zigeunerschnitzel. Wir haben ganz andere Probleme.« Der *STERN* machte daraus sogar eine Titelgeschichte mit der Politikerin, die sich durchaus als Zigeunerin versteht.

Zeitgleich weigerte sich ein kluger Kieler Koch und Gastronom, seinem Lokal »Zum Mohrenkopf« einen anderen Namen zu geben, bloß weil ein paar moralische Besserwisser das so wollten. »Ich bin als Mohr auf die Welt gekommen, und ich bin stolz darauf«, sagte der Mann aus Biafra.

Für ihn sei der Begriff »Mohr« nicht rassistisch behaftet. Das Gegenteil sei sogar der Fall: »Der Mohrenkopf war im Mittelalter eine Auszeichnung für gutes Essen. Dort gingen früher Fürsten essen, an den Eingangstüren gab es Mohrenkopfsymbole als Qualitätszeichen, dass dort ein Mohr kocht.« Wegen dieses geschichtlichen Hintergrunds habe sein Vater den Namen bewusst gewählt, als er 2007 das Restaurant eröffnete. Etwas Bildung kann also nicht schaden.

Nicht viel anders steht es mit dem Zigeunerschnitzel, das viele Lokale nach wie vor auf der Karte führen. Der Name ist eben auch eine kleine kulinarische Anerkennung für ein oft verfolgtes Volk, das sogar einen eigenen König hat, wie die Europaabgeordnete nicht ohne Stolz verkündete.

Doch wenn Idiotie sich mit Ideologie verbindet, sind Hopfen und Malz verloren. Es kommt dann zum Beispiel so etwas dabei heraus: Geschichtsvergessenes Bildungsprekariat benennt in Berlin die Mohrenstraße genauso um wie das Hotel »Drei Mohren« in Augsburg. Schlimm ist, dass die Bürger dazu schweigen. Stolz bin ich auf meine selbstbewusste Urlaubsinsel Amrum: Dort gibt es immer noch die Bushaltestelle »Onkel Toms Hütte«, so wie es auch in Berlin einen Gasthof, eine berühmte Waldsiedlung und eine U-Bahn-Station dieses Namens gibt, obwohl manche woken Amerikaner nicht verstehen, dass damit Harriet Beecher-Stowe geehrt wird, deren Roman wesentlich zur Abschaffung der Sklaverei in den USA beitrug.

Aber zurück zu *Schneewittchen*. Wer nur ein bisschen Ahnung hat, weiß, was im Märchen der Brüder Grimm »die Moral von der Geschicht'« ist. Warum die Zwerge also

Zwerge sind. Das war pure Sozialkritik der alten weißen Brüder, eine Anklage gegen grausame Kinderarbeit! Denn vor rund fünfhundert Jahren missbrauchte man Kinder mit fünf oder sechs Jahren dazu, in die finsteren, engen Stollen der Erzbergwerke zu kriechen und dort zu arbeiten. Ohne Sonnenlicht und Vitamin D blieben sie kleinwüchsig, blass und mager. Das ist die Wahrheit hinter dem Märchen.

So fragt die *Weltwoche* ironisch zur Schneewittchen-Besetzung. »Wo bleibt die Transfrau?« Und im Internet fordern Tausende, die *Schneewittchen*-Macher von Disney sollten genauso enden wie die böse Königin in Grimms Märchen: »In rotglühenden Schuhen so lange tanzen (um das goldene Kalb der politischen Korrektheit), bis sie tot zur Erde fiel ...«

Man kann also gespannt sein, wie die Orte reagieren, die sich »Schneewittchen-Stadt« nennen, so zum Beispiel Lohr am Main. Und was kommt als Nächstes dran, wenn die Kultur-Chaoten der woken Sekte wieder in den heiligen Krieg ziehen? »Welche Minderheit ist als Nächste dran«, fragt sich zum Beispiel Henryk M. Broder, »die noch gar nicht weiß, dass sie eine diskriminierte Minderheit ist und erst noch von der Mehrheit darüber aufgeklärt werden muss?«

Und ich frage mich: Ist Dornröschen vielleicht deshalb in einen so langen Schlaf gefallen, weil sie sich impfen ließ? Oder war Rumpelstilzchen vielleicht der erste Wutbürger der Geschichte? Nur eins ist sicher: Frau Holle hat angesichts des dramatischen Klimawandels und der deutschen Hitzekatastrophen keine Chance mehr.

Hänsel und Gretels Hexe allerdings hat weiterhin Konjunktur, heizt sie doch nachhaltig und umweltbewusst mit nachwachsendem Holz, um sich mit einem zweigeschlechtlichen Geschwisterpaar ein feines Mahl zu bereiten. Mit etwas »Trans« wäre das gewiss nicht passiert.

Und da ist natürlich noch der Grimm'sche Hans, der »im Glück« ist, weil er zwar kein Gold, jedoch eine Wärmepumpe gefunden hat.

Tja, und wenn sie nicht gestorben sind, dann leben sie noch heute, so hieß es jedenfalls früher, aber wenn wir nicht aufpassen, sind die Überlebensaussichten der Märchenhelden gleich null ...

»Murat spielt Prinzessin« statt Jim Knopf?

Kanzler Scholz als Literaturexperte? Oder nur als privater Leser? Oder gar als Oberzensor der Nation? Wie dem auch sei: Zur Sommerpause 2023 gab sich der SPD-Mann als Leseratte (darf man das überhaupt noch sagen?) zu erkennen und plauderte munter mit der *Süddeutschen Zeitung* über sein Hobby. Selbst Comics gehören zu seiner Lektüre. Zum Beispiel *Tim und Struppi*.

Jetzt wissen wir also, woher die infantile Wumms-Sprache kommt, die vom Chefredakteur der *Süddeutschen* 2021 noch streng kritisiert wurde, als der damalige Finanzminister Scholz ein Corona-Konjunkturprogramm mit der Botschaft vorstellte: »Wir wollen mit Wumms aus der Krise kommen.« Zwei Jahre später, in der Energiekrise, legte Scholz als Bundeskanzler wegen der explodierenden Gas- und Strompreise ein 200-Milliarden-Programm auf. In einer Videobotschaft bezeichnete er es als »Doppelwumms«. Auch am Sprachstil erkennt man übrigens Bildung.

Nun diktiert Scholz den *SZ*-Kollegen über ebenjene Comics in den Schreibblock, dass man vor allem Kinder- und Jugendbücher mit Warnhinweisen versehen und deutlich machen müsse, »was so heute nicht mehr in Ordnung ist«. Im Klartext: Heute soll nur noch erscheinen, was SPD-Scholz, sein Sven Lehmann oder CDU-Wegner und sein Alfonso Pantisano »in Ordnung finden«. Die Regierenden, aber auch große Unternehmen haben längst ihre queer-woken Beauftragten. Denn wenn Scholz spricht, redet kein Privatmann. Bei einem Bundeskanzler ist nun mal alles eine quasiamtliche Stellungnahme, auch wenn es heuchlerisch als »private Meinungsäußerung« vorgestellt wird.

Der Historiker und Publizist Klaus-Rüdiger Mai schreibt in *Tichys Einblick*, dass Scholz sicherlich Lenins Aufsatz über *Parteiorganisation und Parteiliteratur* von 1905 gelesen hat, schließlich hat er sich in Juso-Zeiten »selbstverständlich durch die Gesamtheit der marxistischen Literatur gewühlt«. Bei Lenin heißt es: »Die literarische Tätigkeit muss zu einem Teil der allgemeinen proletarischen Sache werden ... Die Zeitungen müssen Organe der verschiedenen Parteiorganisationen werden ... Verlage und Lager, Läden und Leseräume, Bibliotheken und Buchvertriebe – alles dies muss der Partei unterstehen und ihr rechenschafts-pflichtig sein.«

Diese ganze [literarische] Arbeit müsse »vom organisierten sozialistischen Proletariat verfolgt und kontrolliert werden«. Fehlt also in Scholzens Universum nur noch ein »Bundesbeauftragter für die Reinigung der Kinderliteratur«, der am besten gleich »bei der Amadeo Antonio Stiftung angesiedelt sein könnte?«, fragt Mai.

Ein Meister darin, »Probleme [eines Buches] in Vor- und Nachworten sichtbar zu machen«, war in der jüngeren Geschichte zweifelsohne der letzte Kulturchef der DDR und Chefideologe der SED, Kurt Hager. »Umstrittene« Texte, die es durch die Zensur geschafft hatten, wurden dann durch Anmerkungen, Fußnoten oder Vorworte »eingeordnet«. Nach dem Motto: »Die Partei, die Partei, die hat immer recht ...«

Jetzt will also Scholz Hand anlegen lassen an Autoren wie Michael Ende oder Astrid Lindgren. Statt *Pippi Langstrumpf* oder *Jim Knopf* lieber: »Murat spielt Prinzessin, Alex hat zwei Mütter, und Sophie heißt jetzt Ben. Sexuelle und geschlechtliche Vielfalt als Themen frühkindlicher Inklusionspädagogik.« Lieber eine Lesung für Kita-Kinder mit einer Drag Queen in der Münchner Stadtbibliothek als Lukas, den Lokomotivführer? Als unbeanstandete woke Weltliteratur dürfte dann nur noch die kleine Susanna in *Kleine Helden, große Abenteuer* gelten, wo Kinderbuchautor Robert Habeck die Held:in schon mal prophetisch auf die Ära seiner Regentschaft vorbereitet und beschreibt, wie schön ein Stromausfall sein kann.

Was Scholz da so als Sommer-Lektüre liest und empfiehlt, das muss schon ein »People of Color«-Autor wie Mohamed Mbougar Sarr sein, der in der woke-queeren Community hip ist, weil er sich »mit dem Rassismus beschäftigt«. Da sei sich Scholz mit Emmanuel Macron einig. Man lese und staune. Klar, da braucht es dann auch keine den Lesefluss hemmenden »Einordnungen«.

Man sollte sich also schnellstens zu den Antiquariaten begeben, rät der Publizist Mai, »wenn man noch die authentischen Texte für sich und seine Kinder haben möchte.« Schließlich laufe der »Angriff auf den Textbestand unserer Literatur mit dem Segen des Kanzlers«. Es ist im Übrigen historisch unbestritten: Seit dem 10. Mai 1933 kennen sich Deutsche bestens mit dem »Entsorgen« unliebsamer Bücher aus.

Die Scholz-Forderung, Warnhinweise einzufügen, zeigt, wie stark die politische Korrektheit inzwischen unseren Alltag bestimmt. Man fragt sich, ob es wirklich sinnvoll ist, Kinderbücher, die seit Generationen geliebt und gelesen werden, auf diese Weise zu verändern. Oder ob wir nicht lieber unseren Kindern beibringen sollten, dass Bücher ein Spiegel ihrer Zeit sind und dass es wichtig ist, sie im Kontext ihrer Entstehungszeit zu verstehen. Doch dazu bräuchte es Eltern, die sich für ihre Kinder und deren Bildung Zeit nehmen.

Die Enkelin der *Pippi Langstrumpf*-Autorin Astrid Lindgren verwahrte sich zu Recht dagegen, dass ihre Großmutter eine Rassistin gewesen sei: »Sie hat es verachtet, wenn Menschen Macht über andere missbraucht haben. Und sie hat sich immer bemüht, allen den gleichen Respekt entgegenzubringen – egal ob jemand ein Kind war, ein Taxifahrer oder eine Königin.« Eine sehr eindringliche Warnung, die zeigt, dass eine vorschnelle Verurteilung historischer Werke aufgrund von einzelnen, angeblich »anstößigen« Wörtern vielleicht doch nicht der richtige Weg ist.

Kritisiert wird, weil *Pippi Langstrumpfs* Vater »Neger-König« genannt wird. Die *Tim und Struppi*-Comics erregen

Anstoß, weil in dem 1930/31 entstandenen Album *Tim im Kongo* Afrikaner als dumm, arbeitsscheu und unfähig, Weiße hingegen als überlegene Kolonialherren dargestellt werden. Die Klage eines kongolesischen Studenten in Belgien (von dort kommen die Comics) wurde 2012 abgelehnt. Begründung: Autor Hergé habe mit dem Comic nicht zum Rassenhass aufstacheln wollen. Vielmehr hat die Darstellung der Afrikaner die damalige Zeit widergespiegelt. Das soll jetzt also laut Scholz »geschwärzt« werden. Witzig! Die Anti-Rassismus-Jäger bedienen sich offenbar bedenkenlos eines rassistischen Begriffes, oder?!

Wer die Geschichte nach dem jeweils aktuell herrschenden Zeitgeist »bereinigen« will, kommt in letzter Konsequenz dabei an, dass Aufrufe wie »Niemals wieder Auschwitz« oder »Nie wieder Krieg« unmöglich werden, weil die gesamte kriegslüsterne oder antisemitische Literatur der betreffenden Zeit ja zur Friedensbotschaft umgeschrieben wird. So machte es die DDR, die bei *Robinson Crusoe* einfach alles Christliche, seine Gebete und seinen Glauben ersatzlos wegließ.

Doch wer jetzt von Kanzler Scholz überrascht ist, hätte eines Besseren belehrt sein können: Bereits 2002, ich werde es nie vergessen, blies Olaf Scholz als damaliger SPD-Generalsekretär zu einem besonderen Kreuzzug: »Wir wollen die Lufthoheit über den Kinderbetten erobern.« Hier ging es keineswegs um die Aufklärung »als Ausgang des Menschen aus seiner selbstverschuldeten Unmündigkeit« (Immanuel Kant). Im Gegenteil! Auf diesem Schlachtfeld ist Aufklärung ein Feindbild, will man doch alles, nur keinen mündigen Menschen.

Dieses betreute Denken und Sprechen hat die Qualität von »Du stehst unter Beobachtung« oder »Ich weiß, wo du wohnst«. Ich fragte Olaf Scholz damals in einem Live-Interview in meiner Sendung *Berlin direkt*: »Und wann wollen Sie zurücktreten?« Damit hatte er nicht gerechnet ... Und schaute mich schweigend an. Wir trafen uns Wochen später im ICE nach Hamburg und gaben uns die Hand. Vor zwanzig Jahren wurde kritischer Journalismus (noch) nicht mit Feindschaft verwechselt. Das Virus der Unversöhnlichkeit hat unsere Gesellschaft jedoch inzwischen wie ein Krebsgeschwür zerstört.

Solche Sätze wie der mit der Lufthoheit über den Kinderbetten verraten mehr als tausend Wörter oder spröde Parteiprogramme. Zweimal hat sich Scholz später dann noch mal »verraten«. Nur ein Satz, und das Land bebte. Anfang September 2021 ließ er als Kanzler verlauten: »Geimpfte sind Versuchskaninchen!« Das war damals schon richtig und wäre heute, im Nachhinein, nobelpreiswürdig. Doch Scholz ruderte schnellstens zurück, schließlich hätte dieser Satz das ganze Pandemie-Wolkenkuckucksheim und damit die Milliardengewinne der Pharma- und Gesundheitsindustrie, auch die Korruption durch Politiker, zum Einsturz gebracht.

Der zweite Satz kam kurz vor Weihnachten desselben Jahres: »Ich will das Land zusammenhalten. Und bin also auch der Kanzler der Ungeimpften.« Auf solch einen Gedanken wäre das Staatsoberhaupt nie gekommen, das sich nicht von ungefähr den Spitznamen »Frank Spalter« eingehandelt hat. Aber Scholz ließ seinen Worten keine Taten folgen. Jedoch hat er aus seinem Herzen keine Mördergrube gemacht, als er diese Richtigkeiten unbefangen und spontan aussprach.

Doch in Sachen »Lufthoheit« wissen wir nun, wie wir dran sind: Kunst-, Presse- und Meinungsfreiheit passen nicht in das Weltbild eines totalitären Erziehungspro-gramms. Man muss sich ernsthaft die Frage stellen, wann diese Rotstift-Ideologen sich an Literaten wie Goethe, Schil-ler, Schopenhauer, Lessing oder Kant und nicht zuletzt an der Bibel vergreifen (an den Koran wird man sich nicht wagen, wetten, dass ...?!), nur weil deren Werke heute »so nicht mehr in Ordnung sind«. Orwells *1984* erfüllt sich schneller, als man denkt: »Jede Aufzeichnung wurde zer-stört oder gefälscht, jedes Buch umgeschrieben, jedes Bild neu gemalt, jede Statue, jede Straße und jedes Gebäude umbenannt, jedes Datum geändert. Und dieser Prozess geht Tag für Tag und Minute für Minute weiter. Die Geschichte ist stehen geblieben.«

Nicht nur über Kinderbetten »kreisen die Jäger und Bomber woker Ideologie« (Mai). Und das Volk schläft der-weil in seiner Demenz. Ist das wirklich euer Ernst, euch diese idiotische Ideologie der Kultur-Zerstörung gefallen zu lassen?! Müssen nicht vielleicht besser Regierungen ab-gewählt werden, »weil sie so nicht mehr in Ordnung sind«?

Enkeltauglich
Fußball spielen

Wenn es nach den Ideologen quer durch die Parteienland-schaft von Linke bis CSU geht, werden deutsche Freiheiten und europäische Werte bald nur noch melancholische Erinnerungen sein. Wie aus einer fernen Welt werden das dann bereits unsere Enkel bewundern können. Vielleicht im Deutschen Museum in der Abteilung »Abschreckendes und Gefährliches«. Sie werden schaudernd betrachten dürfen, was es alles nicht mehr gibt. Zum Beispiel Freiheit, Eigenverantwortung oder auch nur Privatleben. Das so heißt, weil es niemanden einen feuchten Kehricht angeht.

Aber weil das Weltklima bekanntlich ausschließlich durch Deutschland zu retten ist, müssen die neuen Herrschenden, von sich selbst ermächtigt, die angebliche Rettung der Welt unter Einsatz aller propagandistischen und ökonomischen Mittel durchsetzen. Die Bürger, insbesondere die ungehorsamen und uneinsichtigen, müssen bevormundet, kontrolliert und verhaltenstechnisch in Fesseln gelegt werden, notfalls auch mithilfe des Verfassungsschutzes und der Polizei. Ansonsten wäre der Globus nun wirklich bewohnt von der Letzten Generation. Und wer kann das schon wollen. Also nichts wie ran an die Rettung der Welt!

Dabei finden sich überall willige Helfer. Das war so, das ist so und das wird auch immer so bleiben. Ein besonders bizarrer Fall wurde aus der Welt des Fußballs bekannt, der ja bekanntermaßen immer mehr ideologisiert wird.

Ausgerechnet in der schönen Stadt Osnabrück ist man besonders engagiert auf dem Weltretter-Trip. *Focus* titelte: »Bizarre Öko-Regel: Wenn Fleisch essenden Mitarbeitern das Gehalt gekürzt wird.« Die großen Zeitungen zogen nach, zum Beispiel: »Lohnabzug fürs Fleischessen«. Und *BILD*, immer noch die *Prawda* der Fußballfans, schreibt: »So manchem dürfte bei dieser Klausel der Appetit vergehen. Der VfL Osnabrück will seine Angestellten, auch die Profi-Fußballer, zu umweltschonendem Verhalten animieren, schreibt deshalb in Verträge eine sogenannte Gemeinwohlklausel. Konkret: Wer mehr CO_2 verbraucht, bekommt weniger Geld!«

Ins Rollen brachte das der renommierte Arbeitsrechtler Professor Arnd Diringer in der *WELT AM SONNTAG*: »Sportlich läuft es nicht gut für den VfL Osnabrück. Er krebst am Tabellenende der 2. Fußball-Bundesliga herum. In Fragen der politischen Korrektheit spielt er dagegen in der Champions League: Von Klimapolitik über ›Zeichen für mehr Vielfalt‹ bis zum Gender-Sprech findet sich bei ihm viel, was das linke Herz höherschlagen lässt. Das kann man natürlich gut finden. Aber auch ein Fußballverein muss sich an das Recht halten, wenn er sich politisch positioniert – als Arbeitgeber auch an das Arbeitsrecht.« Was bedeutet: Er darf seine Mitarbeiter nicht für Privates bestrafen oder benachteiligen.

Doch der Verein wehrt sich schneller, als er in der Tabelle nach oben kommt (damals hoffnungslos auf Platz 18): »Von Strafe kann keine Rede sein. Im Gegenteil. Wir schaffen Anreize für einen bewussteren Umgang mit dem eigenen CO_2-Abdruck.« Sorry, aber ihr kickt euch gerade ins Abseits: Was in aller Welt geht den Arbeitgeber der »eigene« (!) Fußabdruck an? Wird beim VfL bald vorgeschrieben, wie oft man sich die Zähne putzt oder wohin man in Urlaub reist?

Der Vereins-Geschäftsführer betont: »Wir wollen niemanden umerziehen, wie es in einigen Medien suggeriert wird, sondern sensibilisieren und den Umgang mit dem

Thema fördern.« Au weia! Wer führt die Sensibilitäts-kontrollen durch? Frau Faeser, die Ministerin für Sport? Schon zu Zeiten der CDU-Kanzlerschaft sollte man ja auf seinen Nachbarn schauen und ihm »helfen«, damit er brav den verordneten Lockdown befolgt und gesund bleibt. Die Ampel-Koalition wiederum will die Bürger dafür »sensibi-lisieren«, dass niemand die Wohnung überheizt, weil viel-leicht sein Thermostat defekt ist. Ja, ja, wir wollen nichts vorschreiben. Schon gar nicht kontrollieren. Nur ein wenig helfen ...

Ein Beispiel, das der Mann, der eigentlich für Fußball und nicht für Fußtritte gegen Privates zuständig sein sollte, gegenüber der *Neuen Osnabrücker Zeitung* nennt: »Bewäl-tigt ein Mitarbeiter täglich zwanzig Kilometer Arbeitsweg mit dem Auto – einem normalen Verbrenner –, ist sein ökologischer Fußabdruck in einem Jahr mit 52 Euro belas-tet.« Eine etwas willkürliche Rechnung, aber das ficht den wackeren Klimaretter nicht an: Dieses Geld will man den Kickern von ihrer Prämie in Höhe von 750 Euro abziehen. Wer in einem Zwei-Personen-Haushalt mit mittlerem Ein-kommen, in einer Siebzig-Quadratmeter-Wohnung wohne, habe (so der VfL-Geschäftsführer) gemäß dem Rechner des Umweltbundesamtes bei einer gemischten Ernährung und gemischtem Anreiseverhalten zur Arbeit (mal Auto, mal öffentlicher Nahverkehr) einen CO_2-Abdruck von etwas über vierhundert Euro.

Womit beschäftigt sich dieser Mann? Was, bitte schön, geht ihn das überhaupt an?! Wer kontrolliert die Größe von Wohnungen, wer das »Anreiseverhalten«? Wird auch gezählt, wie oft man Socken wäscht? Oder durch zu kräftiges Ausatmen auf dem Rasen schwere Umweltschäden verursacht? Ähnlich dem Rindvieh auf der Weide? »Klar ist jedenfalls«, so der Arbeitsrechtler Professor Diringer, »dass es einen Arbeitgeber grundsätzlich nichts angeht, was seine Mitarbeiter privat machen. Davon gibt es nur wenige Ausnahmen. Sie setzen einen konkreten Bezug zur geschuldeten Arbeitsleistung voraus. Die Essgewohnheiten und der Wohnort zählen bei den Arbeitnehmern eines Fußballvereins ganz sicher nicht dazu.«

Wie gesagt: Laut Verein ist das alles nur freiwillig. In der DDR hängte man auch immer völlig freiwillig die Fahnen raus, kommt mir gerade so in den Sinn. Es wird also nichts abgezogen vom Gehalt, man bekommt nur Prämien (oder eben nicht) ... »Wer sich für die Klausel in seinem Arbeitsvertrag entscheidet, erhält bis zu 750 Euro mehr Gehalt pro Jahr. Aus diesem Betrag werden die CO_2-Emissionen aus dem Arbeitsweg ausgeglichen ... Ob neben dem Arbeitsweg eine weitere Kompensation in Bezug auf das Privatleben erfolgt, ist jedem Mitarbeiter selbst überlassen«, so der rührige Geschäftsführer, beseelt, an der Weltrettung teilzunehmen. Sind in Osnabrück jetzt Greta und Luisa die Vereins-Maskottchen und die Klimakleber die Cheerleader?

Doch was will der Verein mit diesem berufs- und sportfremden Aktivismus erreichen? Offizielle Lesart: sich und seine Mitarbeiter sensibilisieren und das Bewusstsein für den eigenen CO_2-Fußabdruck schärfen: »Die Worte ›Nachhaltigkeit‹ und ›Enkeltauglichkeit‹ sind wichtige Punkte der Agenda des Vereins. So setzt sich der VfL auch beim DFB regelmäßig für diese Themen ein. Zum Beispiel bei Nachmittagsspielen an hellen Tagen das Flutlicht auszulassen«, so O-Ton Geschäftsführer. Das mit dem Licht sei dem VfL unbenommen. Doch das Privatleben der Mitarbeiter …

Na, aber wenigstens wieder ein neues Wort gelernt: Enkeltauglichkeit. Herrlich! Wer zum Beispiel Enkel in Freiburg in Kindergarten oder Schule hat, braucht sich um deren Tauglichkeit nicht zu sorgen. Dort haben die Ideologen voll zugeschlagen: Fleisch ist vom Speiseplan gestrichen. In städtischen Grundschulen und Kitas gibt's nur noch ein vegetarisches Einheitsmenü. Das hat der Gemeinderat der Schwarzwaldmetropole mit grün-linker Mehrheit verfügt. Widerspruch zwecklos.

Ach ja: Wir wollen nur helfen. Elter 1 und Elter 2 oder die gebärende Person sind vielleicht überfordert. Da hilft der Staat doch gern … Wie er in der jüngeren deutschen Geschichte immer gern geholfen hat. Bis sich das Volk überwand, selbst ermächtigte und den Unsinn abschüttelte.

Bleibt nur zu hoffen, dass Eigenverantwortung, Elternrechte, Privatleben und Freiheit noch eine Weile enkeltauglich bleiben und nicht im Museum verschwinden.

Hilfe, wir vermüllen!

Wir erleben – vor allem in Deutschland – ein eigenartiges Paradox: Wir wollen das Weltklima mit aller menschlichen Macht retten. Doch das einzig unbestritten Menschengemachte kriegen wir nicht in den Griff: das Müllproblem. Ganz augenfällig erlebe ich das in Berlin, einer Stadt, die zunehmend versifft, verdreckt, verrottet und vermüllt.

Da werden freitags in einer benachbarten Schule die

Kinder zunächst mit Mamas SUV angeliefert, sie steigen sogleich in einen der modernsten Busse (als VIP-Bus deklariert) und werden zur Klima-Demo kutschiert. Und nach der Demo kommt die Stadtreinigung, um Müllberge abzutragen. Wie es rund um die Schule aussieht, muss ich nicht extra erwähnen. Hauptsache, Haltung. Idiotie als Lebensstil.

Die Vermüllung des Abendlandes ist ein Symbol für den kulturellen und geistigen Niedergang. Ich lernte im Studium von einem lutherischen Theologen, dass Form und Inhalt sich entsprechen müssen. Im Klartext: Wie deine Studentenbude aussieht, so sieht es auch in deinem Inneren, im Denken und Fühlen, ja auch im Reden und Handeln aus. Äußere Sauberkeit ist ein Synonym für geistig-kulturelle Haltung. Außen hui, innen pfui – das funktioniert nicht.

Ich erinnere mich an die Aufregung, von Schickimicki-Journalisten der grünen Parallelwelt angefeuert, als die ersten Schwaben nach dem Regierungsumzug im Sommer 1999 am Prenzlauer Berg einfielen. Mit ihnen kam die »Kehrwoche« – verspottet und verhöhnt.

Vor der friedlichen Revolution war es ein Arbeiterviertel, dann zogen »Alternative« in die maroden Vorkriegsbauten. Kohleofen statt Zentralheizung. Keine spießigen Nachbarn. Alles ein bisschen versifft. Dann kamen die Schwaben. Und plötzlich Plakate: »Sindelfingen: sechshundert Kilometer. Berlin wünscht gute Heimfahrt«. Am Kollwitzplatz konnte man lesen: »Schwaben im Prenzlauer Berg: spießig, überwachungswütig in der Nachbarschaft und keinen Sinn für Berliner Kultur«. Gemeint war die Kultur des Verfalls.

Wer für Ordnung und Sauberkeit eintritt, gilt schnell

mal als »Nazi«. Da lässt es sich im Dreck gerne leben. Verrottung als kulturelle Bereicherung. Kehrten Amerikaner zum Beispiel in früheren Jahren von einer Europareise zurück, berichteten sie regelmäßig tief beeindruckt: Am saubersten war es in Deutschland. Diese Zeiten sind definitiv vorbei.

Nach der Befreiung besetzter Häuser braucht es heute Kolonnen von Containern, um den Müll zu beseitigen. Die »Rigaer 94« in Berlin war ein Paradebeispiel, wie Links-Alternative leben (wollen). Kaputte Wohnungen, kaputte Menschen.

Doch das ist kein europäisches, das ist ein *west*europäisches Problem. Riga ist klinisch sauber, auch Danzig, Warschau, Prag oder Budapest. Ganz zu schweigen von Städten in Asien wie Tokio oder Seoul. Westeuropäische Städte wie Rom, London, Paris oder deutsche Großstädte hingegen verrotten. Ausgerechnet die Orte, wo gebetsmühlenartig manisches Mülltrennungs- und Nachhaltigkeits-Credo gepredigt wird.

Dies alles ist keine Nebensache. Unsere gesamte Kultur droht zum Spiegelbild dieses versifften Lebensstils zu werden. Wie viel geistigen Müll müssen wir sehen, hören und lesen. Von Kanzeln und Kathedern, aus Redaktionen und Parlamenten. Wenig erfolgsverwöhnte Berufskritiker werden hoffentlich auch dieses Buch wieder so qualifizieren. Mehr verkaufsfördernde Werbung geht nicht!

Ideologische Vermüllung und allgemeine Verwahrlosung sind zwei Seiten derselben Münze. Doch die innere Unordnung wird nun durch die Cannabis-Koalition konterkariert. Damit wird die Vermüllung ersichtlicher, auch erträglicher. Der Verfall unserer Sprache, der Debattenkultur, ganz normaler Umgangsformen oder des Satzes meiner Oma »Das gehört sich nicht« ist nun augenfällig: an Graffiti-Wänden, in verdreckten Straßen, Schulen und Bahnen und in vermüllten Parks.

Kein Sinn mehr für Schönes, für Heiles. Ja, auch nicht für Heiliges. Form und Inhalt korrespondieren bereits bestens. Armes Deutschland!

Von Wichtigtuern und Klartextkünstlern

Ich werde es nie vergessen. In einer Redaktionskonferenz schwärmte ein Kollege von einem Besuch in der Berliner Philharmonie. Dort habe es erstaunliche und beachtenswerte Neuinterpretationen von Brahms und Beethoven gegeben. Ganz anders, als er es zuletzt noch vom alten Karajan und dann von Barenboim gehört hatte. Und jeder meinte, dazu etwas bemerken zu müssen. Hach, da waren plötzlich alle Musikexperten. Bis ein Kollege in einer kurzen Gesprächspause der wichtigtuerischen Debatte unter musikalischen Analphabeten trocken anmerkte: Also ich bevorzuge ja Heinos Neuinterpretation von *Schwarzbraun ist die Haselnuss*! Ein Volkslied aus dem 18. Jahrhundert. Die Diskussion fiel in sich zusammen wie ein Soufflé.

Mir ging einmal eine Debatte über Urlaubslektüre ziemlich auf den Keks, weil es nichts als heiße Luft literarischer Wichtigtuer war. Was man nicht alles lesen müsse! Werke und Autoren, von denen ich noch nie zuvor gehört hatte. Die aber en vogue und woke waren, vom Zeitgeist und dem pseudointellektuellen Mainstream diktiert. Da sagte ich mitten in den Redeschwall: »Also, ich werde mich im Urlaub ganz und gar dem Frühwerk von Rosamunde Pilcher widmen ...« Die Gesichter werde ich nicht vergessen. Meint der das wirklich ernst? Aber dem Hahne traut man ja alles zu ...

Ebenso, als ein eher unbedarfter Kollege einmal glaubte bemerken zu müssen, als jeder aus irgendeiner Regionalzeitung zitierte, was er gerade in der *Herald Tribune* gelesen hatte – damals gab's noch kein Internet, und ich fragte mich, woher er denn das Blatt in der Provinz hatte. Ich warf daraufhin, sozusagen als Trumpfkarte, ein: »Also ich bevorzuge ja die *Haaretz* aus Tel Aviv, die liest man von rechts nach links ...«

Man entlarvt wichtigtuerische Angeberei und politisch korrekte Hochstapelei am besten durch nackte Wahrheiten, von denen das Gegenüber auf den ersten Blick nicht weiß, ob man es ernst meint. Durch verblüffende Einwürfe kann man manche überflüssige und unselige Debatte und manche Spiegelfechterei im Keim ersticken. Mit Humor und Hintersinn. In der Hoffnung, dass die Gesprächspartner merken, dass sie durchschaut sind. So wie gewisse Feinschmecker, die von Nouvelle Cuisine und experimenteller Kochkunst in den höchsten Tönen schwärmen, um anschließend heimlich eine schlichte Currywurst zu verdrücken, weil sie nicht satt geworden sind.

Doch zurück zu Heinos schwarzbrauner Haselnuss. Der Volkssänger hatte sich im Herbst 2023 im *Sat.1-Frühstücksfernsehen* mit knallharten Worten über den Gender-Wahn echauffiert. Der Moderator hatte gefragt: »Und wie stehst du zum Gendern?« Darauf legte Heino mit seinen 84 Jahren höchst temperamentvoll los: »Denen haben sie ins Gehirn geschissen, wie wir im Rheinland sagen. Ich steh da überhaupt gar nicht zu. Ich werd weiter von der schwarzen Haselnuss singen, ich werd weiter *Lustig ist das Zigeunerleben* singen. Da lass ich mich von keinem Menschen abbringen. Das ist ein Stück Kulturgut. Das habe ich in den Sechzigerjahren, in der Blütezeit des Beats, wieder populär gemacht. Und das soll auch so bleiben, wie es ist.«

Sofort sei die Gender- und Sprachpolizei auf dem Plan gewesen, resümiert *BILD* und sammelte zahlreiche Stimmen dazu ein. Auch die Replik des Volkssängers auf die teils wütende Kritik im Internet: »Wenn man diese Kommentare liest, muss man wirklich glauben, dass einige Menschen komplett verblödet sind. Welche meiner Aussagen sind denn bitte schön rassistisch oder sexistisch? Ich bin sicher, dass die Masse der Menschen mich versteht und genauso denkt wie ich ... Es kann von mir aus gendern, wer will, ich werde es ganz sicher nicht tun.«

Der Manager des Volksmusikers: »Dass es rassistisch sein soll, wenn Heino singt *Lustig ist das Zigeunerleben*, da muss man auch mal wissen, dass Heino mit vielen Sinti und Roma befreundet ist. Sie sagen alle, dass sie stolz darauf sind.«

SAT.1-Sprecher Christoph Körfer reagierte auf die Kritik an Heino sogar mit dem Autor Salman Rushdie, der seit Jahrzehnten von islamistischen Fanatikern verfolgt wird: »Jeder darf sagen, was er oder sie möchte. Auch im Fernsehen! In diesem Kontext lassen Sie mich gerne Salman Rushdie zitieren. Der indische Schriftsteller, der wegen seines Buches *Die satanischen Verse* verfolgt wurde und wird, sagt: ›Redefreiheit ist das Entscheidende, um sie dreht sich alles. Redefreiheit ist das Leben.‹« Dennoch: Der Sender ging vor dem Shitstorm in die Knie und nahm das Video aus dem Netz, löschte es aus der Mediathek.

Interessant die nüchterne Analyse der politisch linken Schauspielerin Senta Berger zu dem konkreten Fall und der allgemeinen Genderei in der Filmindustrie: »Ich habe den Eindruck …, dass in der Filmakademie gegendert wird, weil man das jetzt eben so macht. Ob es inhaltlich richtig ist, wage ich zu bezweifeln.« Es störe sie einfach, »dass mittlerweile jeder Film, Titel, Inhalt auf die Goldwaage gelegt wird«. Dass diese woken Einstellungen so einfach »aus Amerika übernommen werden«, lehnt die alles andere als konservative Künstlerin ab: »Das ist nicht gut. Wir verleugnen uns.«

Im Bericht (!) einer vormals liberalen »Qualitäts«-Zeitung steht zum Fall Heino der entlarvende Satz: »Der gendergerechte Sprachgebrauch ist noch nicht überall angekommen.« Das ist dieser entsetzliche Hochmut einer Mini-Sekte mit einem fatalen Sendungsbewusstsein: Wir sind erleuchtet, aber das dumme Volk ist noch nicht so weit.

Es sieht zum Glück auch nicht so aus, dass es dieser speziellen Sekte je folgen wird, wie gerade am Beispiel des Berliner *Tagesspiegel* deutlich wird: Die hohe Zahl der Abo-Kündigungen wegen der Verwendung der Gendersprache hat die Zeitung nun dazu veranlasst, in Zukunft darauf zu verzichten. Der *Tagesspiegel* ist also vor dem Widerstand seiner Leser in die Knie gegangen! Wenn das keine ermutigende Botschaft ist!

Von Löwen-Leugnern und Verschwörungs-Schweinen

Es klingt wie in meiner Lieblingsserie *Rosenheim Cops*. Als hätten Polizeidirektor Achtziger und seine Frau Stockl eine Presseerklärung zu einem Schwerverbrecher herausgegeben: »Der DNA-Abgleich bestätigt die bereits vorliegende mikroskopische Untersuchung, wie uns die amtliche Tierärztin des Veterinäramtes Potsdam-Mittelmark heute mitteilte.«

Doch gemeint ist kein »hohes Tier« unter den Kriminellen, sondern ein großes Tier auf der Flucht: »Bereits gestern stand fest, dass die über den Kot extrahierten DNA-Fragmente zu hundert Prozent von einem Wildschwein stammen.« Das bestätige auch eine Haaranalyse.

Weltweit hatten die Medien im Sommer 2023 über eine irre Löwenjagd in Berlin berichtet. Die Hauptstadt in Angst und Schrecken, die Welt in einem Lachkrampf. Tja, die Deutschen machen sich eben ihre Probleme selbst, weil sie keine echten haben, dachten die Menschen in Europa und Übersee. Dabei ist Berlin ohnehin schon die Metropole des Wahnsinns. So viel Inkompetenz und Selbstzerstörungsenergie gibt's nirgends sonst.

Doch was die Politik schafft, das bringt auch ein Löwe fertig: Behörden-Chaos und dazu den unvermeidlichen Spott. 36 Stunden jagte die Polizei tatsächlich nach dem vermeintlichen Raubtier, das auf dem Gebiet der brandenburgischen Nachbargemeinde Kleinmachnow vermutet wurde. Die meinten das wirklich ernst. Sogar ein Video des

»Löwen« existierte, der dann allerdings gendergerecht zu einer Löwin mutierte.

Anwohner bangten um ihr Leben, die Polizei rief dazu auf, lieber im Haus zu bleiben, Hubschrauber kreisten. Löwenalarm in Berlin und Umgebung. Funk und Fernsehen begaben sich auf die Pirsch, aus aller Welt reisten Reporter an. Es gab kaum ein anderes Gesprächsthema. Berlin hat es nun mal mit den Phantomen, sei es aus dem Hause Drosten und Lauterbach oder dem Innen- und Wirtschaftsministerium.

Müssen wir uns angesichts der Klimakatastrophe und der Erderwärmung nun nicht nur an tropische Temperaturen, sondern auch an exotische Tiere gewöhnen? Allerdings: Im Juli war es bitterkalt. Sogar die Freibäder verloren ihre Anziehungskraft – und das nicht nur wegen der Gewalt aus der sogenannten Partyszene (das ist ein Polizei- und Presse-Euphemismus für halbstarke Migranten). Meine Heizung sprang nachts an, ein Pullover musste her. Da half auch die dunkelrote Einfärbung der öffentlich-rechtlichen Wetterkarten nicht. Auch nicht die Warnung vor den Tausenden von Hitzetoten, die Lauterbachs Münchhausen-Ministerium verbreitete. Es war schlicht »für die Jahreszeit zu kühl«. Da blieb höchstens noch die These, dass es in Deutschland künftig wärmer wird als in Afrika und es die Raubtiere deshalb jetzt aus der Savanne in deutsche Kiefernhaine zieht ...

Auf jeden Fall war es die teuerste Safari aller Zeiten: 320 Polizisten waren rund um die Uhr im Einsatz, Scharfschützen auf Polizeipanzern, ganze Hundertschaften, Drohnen, Hubschrauber, Wärmebildkameras. Das hätte Hollywood nicht besser inszenieren können. Mehrere Hunderttausend Euro verpufften im Nirwana eines Hirngespinstes. Geld und Ressourcen, die besser zur Bekämpfung der Clan-Kriminalität investiert gewesen wären, meint die Polizeigewerkschaft. Die Polizei habe Wichtigeres zu tun als eine Schein-Safari zu betreiben.

Denn es gab diese »Löwin« auf einem Video. Und da hätte man sofort Forensiker und Experten des Berliner Zoos dransetzen müssen. Aber so ist es nun mal in Berlin, in der Politik wie im Journalismus: Zu viele Fakten stören nur. Sie könnten ja die schöne Story kaputt machen. Und ist es nicht allemal besser, über eine echte Löwenjagd mit Schrot und Korn, mit Scharfschützen und Drohnen zu berichten als über Habecks Heizungsgesetze und Baerbocks »360-Grad-Wenden«?

Nein, das bärige Berlin hat einen kapitalen Bock geschossen: Die Löwin war in Wirklichkeit schlicht eine Wildsau. Was »Experten« über 36 lange Stunden hinweg nicht erkannten, das stellten schließlich Hobby-Spurensucher fest. Mit einer speziellen Software sammelten sie Spuren im Gelände und analysierten sie am PC. Zudem erkannten die interessierten Laien auf den ersten Computer-Blick, dass die Körperformen alles andere als die eines Löwen waren. Der Schwanz zu kurz, die Beine zu dick.

Was Polizei und Politik 36 Stunden nicht sehen wollten, erkannten die Computerleute in Sekunden: »Eine Löwenspur wäre so groß gewesen wie eine Hand. Wir haben stattdessen Klauenabdrücke eines jungen Wildschweins entdeckt.«

Damit begaben sich die beiden Spurensucher auf gefährliches Terrain, wie sie feststellen mussten. Nicht, dass sie von einer wilden Raubkatze hätten getötet werden können. Nein, sie wurden zu Löwen-Leugnern, die mit ihrer Wildschwein-Verschwörungstheorie und den Fakenews von Klauenabdrücken ganz nahe daran waren, nun selbst erlegt zu werden. Denn bei solchen »Leugnern« verstehen unsere Behörden und die Öffentlichkeit keinen Spaß. Wasserwerfer und Berufsverbot sind das Mindeste im Arsenal der politischen Propaganda. Die benutzt (wie im CDU-regierten Nordrhein-Westfalen) das Internet lieber für Denunziationsportale als zur Aufklärung ihrer Hirngespinste.

Die Löwen-Posse ist ein erneutes Beispiel dafür, dass die Presse glaubt, den Leuten fast alles weismachen zu können. Was an Fakten nicht passt, wird passend gemacht. Notfalls erklärt man ein Thema einfach zur Religion. Und die duldet keinen Widerspruch. Da wird dann eine Grippe schon mal zur Pandemie und der jahrtausendealte Klimawandel zur aktuellen Katastrophe. Die Zerstörung der Wirtschaft, Inflation und Insolvenzen nimmt man billigend in Kauf. Das sind nur Kollateralschäden, die man vernachlässigen kann, ähnlich den verschwendeten Ressourcen für eine »Löwenjagd«. Hauptsache, man steht auf der Seite der Guten. Man rettet das Volk vor Löwen und Viren, koste es, was es wolle. Tatsachen stören da nur. Panik statt Verstand ist gefragt. Wie schon Wilhelm Busch reimte: »Oftmals paaret im Gemüte Dummheit sich mit Herzensgüte.« Oder eben Ideologie und Idiotie.

Warum ich
Bares für Rares liebe

Eine Sendung, die ich gern und ohne Bluthochdruck zu bekommen noch schauen kann: *Bares für Rares* im *ZDF*. So normal, so einfach, so menschlich. Mitten aus dem Leben! Meinem hoch geschätzten Kollegen Horst Lichter wie auf den Leib geschnitten. Zweimal war ich in seiner einstigen Kochsendung *Lafer, Lichter, lecker*. Noch heute sprechen mich Leute auf der Straße an: »Herr Hahne, Sie können ja immer noch nicht kochen!«

Sie merken nicht, dass das alles ständige Wiederholungen sind ... Beide Male hatte ich mich »verkocht«, gelinde gesagt. Das Eis, das ich zubereiten und mit heißen Pflaumen verzieren sollte, war schon vor dem Servieren zur Suppe zerschmolzen. Der Pfannkuchen landete gleich in der Biotonne. Aber als Horst in meiner Talksendung war, wurde es ein Highlight. Bewegend und bewegt berichtete er aus seinem Leben. Zwei Dinge werde ich nie vergessen: Mit seinem toten Baby im Arm, das einem plötzlichen Kindstod erlegen war, lief er durchs Dorf zum Pfarrhaus. Dort öffnete ihm eine Frau mit den Worten: »Der Herr Pfarrer hat erst am Mittwoch wieder Sprechstunde.«

Aber in der »Corona«-Zeit war es ja nicht anders: Nur wenige Pfarrer waren noch für die Menschen da. Die meisten versteckten sich hinter obskuren staatlichen Anordnungen und ließen die Menschen, vor allem die alten, ohne Beistand allein zurück. Erstmals in der Geschichte des Christentums. Ungetröstet sterben lassen ist das größte Menschheitsverbrechen. Irgendein »G« zur Eintrittskarte ins Reich Gottes zu machen, ist fast noch schlimmer. Die Einladung von Jesus Christus ist unmissverständlich: »Kommet her zu mir, alle, die ihr mühselig und beladen seid ...« Und nicht: ... die ihr geimpft seid und Masken tragt. Ich feiere die Pastoren, die sich dem widersetzt haben. Bei der Begegnung mit der Masse der anderen empfinde ich Kontaktschuld.

Das andere: Horst Lichter holte damals bei der Frage nach seiner Lebensperspektive ein Maßband aus der Hosentasche und legte es zur Demonstration auf den Moderationstisch. Ein Meter, hundert Zentimeter. »Mein Vater ist mit 56 viel zu früh gestorben. Ich bin jetzt 53, habe also noch drei Jahre. Alles darüber hinaus empfinde ich dann als Geschenk und Gnade.« Unvergessen!

Seine heutige Sendung ist – noch – herrlich ideologiefrei. Völlig normale Menschen, keinerlei Quoten für irgendwas. Der Erfolg ist reziprok zu den Kosten. Selten ist eine Sendung so schnell und bleibend Kult geworden. Meist ist es beim Fernsehen umgekehrt. Für den letzten Schrott werden die Millionen verballert, Hauptsache, woke mit viel Regenbogen.

Und doch muss man auch hier leider feststellen, dass verzweifelt versucht wird, dieser ungezwungen-normalen Sendung den Zeitgeist aufzuzwingen. Zum Beispiel während der »Corona«-Zeit: getrennte Pulte der Händler, extra Pult für Verkäufer, das erhandelte Geld »neutral« abgelegt. Ähnlich irre haben es Kirchen damals mit dem Abendmahl gemacht. Hostien wurden irgendwo an den Zaun gehängt oder abgelegt. Das sollte dann ein heiliges Sakrament sein.

Aber zurück zu *Bares für Rares*: In einer dieser Sendungen brach eine Frau in Tränen aus, weil ihre Brosche statt erwarteter 1000 überraschende 4000 Euro wert war. Spontan nimmt Lichter sie in seiner sprichwörtlichen Herzlichkeit in die Arme und drückt sie. Für Virus-Ideologen eine Todsünde. Komisch, das hat man rauszuschneiden vergessen. Wenn das die »Corona«-Hardliner Lauterbach und Söder sehen ...

Schlimmer jedoch der Eingriff in die Sprache. Auch das gerinnt zur Realsatire. Man spricht mittlerweile zeitgeistkonform im Plural von »Händlerinnen und Händlern«, obwohl meist nur eine Frau dabei ist. Es heißt aber weiterhin Händlerkarte und Händlerraum. Müsste es nicht konsequenterweise »Händlerinnen-und-Händler-Karte« heißen? Oder gemäß der neuerlichen Stotterei in meiner alten *heute*-Sendung: ein kleines Funkloch zwischen Händler- und -innen existieren? Von außen kommen ja nur die Verkäufer*innen ins Puhlheimer Walzwerk.

Und die wiederum sprechen unisono und grammatikalisch richtig im Plural von Händlern. Aber das Volk ist halt »noch nicht so weit«, wie es in elitärem Hochmut gerne heißt. Und während keiner der Händler oder Experten dieses semantische Gender-Gaga mitmacht, sieht man es dem Moderator förmlich an, dass er »nach Vorschrift« handelt. Es war bekanntlich Kiwi, also die ebenfalls geschätzte Kollegin Andrea Kiewel, der im *Fernsehgarten* mal entschuldigend rausrutschte: »Wir müssen das ja machen!«

Herrliche Stilblüten: So sagt Lichter nach der erstellten Expertise zu einem Verkäufer: »Heute haben wir zwei bezaubernde Händlerinnen und zwei Händler. Also nichts wie hin zu den Händlern!« Soll der Verkäufer die Händlerinnen einfach ignorieren? Hat die Sprachpolizei gepennt? Wo ist die Gleichstellungsbeauftragte?

Loriot pur sind manche anti-woken, jedem wirren Zeitgeist widersprechenden, einst völlig normalen Dialoge. Da kann man am Schneidetisch auch nichts mehr machen. Eine Verkäuferin bringt ein Schmuckkreuz aus Apulien mit. Händlerin Susanne zu ihr: »Ist das ein Erbstück? Sie sehen ein bisschen italienisch aus.« Au weia, wo ist da die Rassismuspolizei?! Kulturelle Aneignung zum Quadrat! Eine Minitrix-Eisenbahn wird von einer Frau verkauft. Der sympathische Experte »Waldi«, der alle Frauen nach Alter-weißer-Mann-Manier als »Engelchen« tituliert: »Du hast bestimmt nicht damit gespielt, das ist ja Jungs-Spielzeug – dein Mann?«

Ein Kinderbauernhof steht zum Verkauf. Die Tiere handbemalt, mit einer Bäuerin, die Hühner füttert. Nach erfolgtem Verkauf an Waldi sagt eine Händlerin: »Das Gute ist ja, man muss die Hühner nicht füttern – aber sie legen auch keine Eier.« Darauf Waldi: »Aber die Bäuerin ist wenigstens still.« Dass das nicht längst im Giftschrank ist oder vernichtet und immer noch wiederholt wird!

Eine Kindernähmaschine soll den Besitzer wechseln: »Dann habt ihr sicher Töchter«, fragt der Moderator.

Oder: Vater und Tochter auf dem Weg zum Händler:innen-Raum. Der Experte rät: »Lass die Tochter verhandeln, kleine Mädchen haben immer einen Bonus.«

Au backe ... Solche alten Lebenserfahrungen sind doch in unserer neuen Welt der politischen Korrektheit verboten. Cancel Culture, aber sofort!

Unterhaltung pur! Die ganze woke Ideologie nutzt

nichts: Die *Bares für Rares*-Leute bleiben herrlich normal, auch in den neuen Folgen. Ein Atemschutzgerät für den Bergbau aus den 1950ern wird angeboten. Von zwei Frauen. Und ausgerechnet die einzige Händlerin im Raum trompetet: »Das hätte ich jetzt nicht erwartet. Ich hätte einen Feuerwehr*mann* erwartet.« Verkauf einer goldenen Verlobungs-Armband-Panzerkette von 1910. Die Expertin: »Damals ließen sich die Frauen diese Form der Fesselung gefallen. Besonders, wenn's aus Gold war.« Ganz schön mutig!

Bei einer Folge sollten in Mainz nun wirklich alle Alarmglocken läuten: »Das lässt Männerherzen höherschlagen! Ein Mini-Raupenschlepper einer bekannten Nürnberger Firma«, jubelt Lichter. Der Experte attestiert Beschädigungen: »Da haben schon viele Jungen mit gespielt.« Lichter: »Aber der Führer ist noch dabei, äääähhhh der Fahrzeugführer.« Und dann meint die Verkäuferin auch noch, wohl vom Patriarchalismus des generischen Maskulinums verseucht: »Ich bin kein guter Verkäufer, ich kann nicht handeln.« Und einer der Händler sagt obendrein: »Mich erinnert die Raupe an meine Panzerfahrerzeit.« Hat der verantwortliche Redakteur geschlafen? Wo ist der Fernsehrat, wo der Intendant? Da muss doch bei weiteren Ausstrahlungen mindestens ein Disclaimer her. Oder eine historische Einordnung als Warnhinweis.

Die Liste kann man endlos fortsetzen. Ein Genuss für alte weiße Männer wie mich! Ein Mann verkauft ein selbst gebasteltes Moped, rosa gestrichen. Waldi ersteigert es für 1 780 Euro. Als der Verkäufer weg ist, sagt einer der Händler kichernd: »Jetzt hat Waldi ein rosa Moped!« Doch der kontert trocken: »Ja, ich nenne mich manchmal ja auch Waltraud.«

Und noch zwei dieser herrlichen Kostproben: Ein Zinnkrug mit wundervollen Motiven soll unter den Hammer. Die legendäre Expertin Dr. Rezepa-Zabel: »Das ist ganz klassisch: Wein, Weib und Gesang.« Aber, aber Frau Doktor! Gleich danach ein großer Steiff-Elefant mit Rädern zum Reiten für Kinder – in Lila-Türkis. Einer der Händler: »Das ist der Elefant für Mädchen – für Jungs gab es das braune Pferd.«

Das *ZDF* hat wohl zu wenige Diversitäts- und Gleichstellungsbeauftragte. Anders lassen sich diese Sünden gegen Wokistan und Cancel Culture nicht erklären. Allesamt ausgestrahlt 2023. Aber, liebe *Bares für Rares*-Familie: Bitte, bleibt so herrlich total normal, wie ihr seid! Keine Belehrung. Höchstens, wenn es um die feilgebotenen Gegenstände und deren Geschichte geht.

Ich verpasse kaum eine Sendung. Eine einmalige Erfolgsserie ohne Ideologie und Idiotie, dafür mit Herz, Hirn und Humor. Das ist das Geheimnis. Und das nennt man Unterhaltung vom Feinsten. Daraus hat sich Thomas Gottschalk leider verabschiedet. Möge euch das erspart bleiben, was er als allerletzte Worte im *ZDF* sagte. Und diese Worte überlegt man sich lange, sie wurden nicht spontan geäußert. Fast wie ein Testament: Er möchte im Fernsehen genauso sprechen können wie zu Hause. Und das könne er nicht mehr. Ein Hilferuf und ein Alarmsignal.

Warum die Wärmepumpe nicht kommen wird

Nicht nur für Kunden ist das eine mittlere Katastrophe. Auch für das Handwerk selbst. Der Klempner kommt nicht, der Maler vergibt keine Termine, und der Heizungsbauer macht einen schon glücklich, wenn er verspricht, noch vor dem Winter vorbeizuschauen. Auslöser für den Terminmangel in der gesamten Branche ist ein tödliches Gemisch aus Materialengpässen, Arbeitskräftemangel, Nachfolgeproblemen in Betrieben und hohen Energiekosten. Ich habe es selbst leidvoll erlebt, und das ja gerade in einer Großstadt: Es dauert Monate, bis eine Steckdose repariert, ein Waschbecken neu montiert oder auch nur eine Wand vom Profi frisch gestrichen ist.

Handwerker sind schlicht und einfach nicht zu finden. Und wenn sie dann da sind, immer das gleiche Klagelied mit Sätzen wie diesen: Wir kriegen keine Mitarbeiter mehr, von Lehrlingen ganz zu schweigen. Wenn mein Geselle in Rente geht, muss ich schließen. Noch ein paar Monate diesen Stress mit Bürokratie und politischer Schikane (in Berlin gibt's noch nicht mal Parkplätze, nur Knöllchen für Handwerker-Autos), und es ist Schicht im Schacht ...

Jeden Tag schließen in Deutschland je zwei Metzgereien und Bäckereien. In der deutschen Hauptstadt hat die Fleischerinnung die Lehrlingsausbildung aufgegeben, weil die Nachfrage gegen null tendiert. Die wenigen Interessenten müssen jetzt nach Leipzig. CDU/CSU und FDP, einst Schutz und Schild des Handwerks und der Familienbetriebe, ha-

ben total versagt. Total! Man kümmert sich um Frauenquote, queeres Leben und die Türkis-Lackierung des Par-
teilogos, aber man hat niemanden mehr, der das malt und
druckt.

Ein Gutes hat das allerdings: Die »Grünen« von CSU bis
Linkspartei können sich ihre Wärmepumpen wer weiß
wo hinstecken. Es gibt einfach keine Fachkräfte mehr, die
dieses idiotisch-ideologische Gerät installieren. Manchmal
hilft einem nur noch Satire und Humor, um über die Run-
den zu kommen.

Die Kultus- und Wissenschaftspolitik, mehrheitlich in
Unionshand, hat seit zwanzig Jahren nicht nur tief geschlafen, im Gegenteil: Man hat die Akademisierung ideologisch
befördert, hat jeden Schüler zum Abitur und jeden Abitu-
rienten zur Uni gejagt, statt kluge Köpfe und geschickte
Hände zusammenarbeiten zu lassen. Handwerk hatte kein
gutes Image mehr. Die Hauptschulen hat man abgeschafft.
Der Mensch begann erst nach dem zehnten Semester »post-
kolonialer Genderstudies« ein Mensch zu sein.

Der Absturz begann 2009: In dem Jahr gab es laut Statis-
tischem Bundesamt erstmals mehr Studenten als Lehrlinge.
Zwanzigtausend junge Menschen betrug damals die Diffe-
renz. Mittlerweile sind es weit mehr: 2,9 Millionen Studenten gab es im Wintersemester 2020/21. Und nur 1,3 Millionen in einer Lehre. Ein Sieg der Ideologie und Idiotie.

Heute lernt man schon in der Grundschule, wie man
schnell und bequem sein Geschlecht wechseln kann und
wie wichtig eine Frauenquote und diverse Toiletten sind.
Wie man also seine Identität findet. Wie man jedoch einen Beruf findet, der einem liegt oder wie man mit Geld

umgeht und seiner Lebenszeit, das steht nirgendwo auf dem Stundenplan. Zu viele junge Menschen brechen die Schule ohne Abschluss ab. An Gymnasien ist es immer noch so, dass die Schüler vor allem eine Studienberatung erhalten. Die Perspektiven beruflicher Bildung kommen kaum vor.

Besonders betroffen sind Service-Berufe: 37,5 Prozent der Lehrstellen blieben 2021 laut Institut der Deutschen Wirtschaft (IW) im Bereich Gastronomie unbesetzt. Im Fleischwaren-Verkauf waren es sogar 60,4 Prozent – also deutlich mehr als die Hälfte. Doch auch bei den handfesten Berufen wird es eng: 38,9 Prozent der Klempner-Lehrstellen blieben unbesetzt, bei den Betonbauern waren es 33,8 Prozent.

Ja, das alles ist nicht vom Himmel gefallen. Mit offenen Augen ging es in den Abgrund. Dafür brauchte man nicht erst die »Ampel«. Die Arbeit wurde vorher schon gründlich gemacht. Die Weichenstellungen liegen Jahrzehnte zurück. Wir wollten »Akademiker« und bekamen Bürgergeld-Empfänger und eine frustrierte Jugend. Am einen Tag titelt *BILD*: »Mehr Kündigungen wegen Bürgergeld«, und ein paar Tage zuvor war noch als Titelgeschichte zu lesen, wie toll es doch ist (und zugleich ein Zeichen von Freiheit!), möglichst früh in Rente zu gehen. Garniert mit ein paar Tipps.

Jetzt ist jeder Handwerksbetrieb froh, wenn die Leute länger arbeiten. Jetzt holt man Pensionäre wieder zurück, weil es nicht nur an Arbeitskräften, sondern beim spärlichen Nachwuchs an Lebens- und Berufserfahrung fehlt. Und das Lehrlingsproblem ist ja nicht nur die Frage von Lust und Neigung. Viele Meister berichten, dass sie nicht mehr die Nerven für Ausbildung haben. Keine Pünktlichkeit, keine Arbeitsmoral, weder richtig Rechnen noch Schreiben. Ein tödlicher Kreislauf: Die Lehrer müssen kaputte oder migrantische Elternhäuser »ausgleichen«, die Meister die schwache Schulbildung. »Ich habe mir jetzt zehn junge Leute probeweise angeschaut, nur einen konnte ich nehmen, ich mache jetzt den Laden zu«, klagte mir ein Tischler, und baute mir Gott sei Dank noch selber den Schrank ein.

Was will zum Beispiel ein Maler mit jemandem, der in neun oder dreizehn Jahren Schule nicht gelernt hat, wie er den Inhalt einer Fläche ausrechnen kann? »Bei mir bewerben sich Jugendliche, die können nicht mal Dezimeter in Zentimeter umrechnen oder haben keine Ahnung, was ein Drittel oder ein Pfund ist«, sagte mir kopfschüttelnd und resigniert ein Malermeister. Selbst Grundrechenarten sind böhmische Dörfer. Geschweige denn Rechtschreibung. Schon daran erkennt man den absoluten Wahnsinn des Gender-Gagas.

Laut »Mikrozensus« gibt es derzeit rund 600 000 junge Leute zwischen 18 und 24 Jahren, die zwar die Schule verlassen haben, aber danach nicht in einer Arbeitsstelle angekommen oder eine Ausbildung oder ein Studium begonnen haben. Preisfrage: Wo sind die geblieben?

Nur eine Branche als Beispiel: Mehr als zwei von drei Chefs von Reinigungsfirmen beklagen, dass es immer mehr Kündigungen gibt, weil Bürgergeld den Mitarbeitern mehr bringt. Vor allem, wenn man nebenbei noch schwarzarbeitet. Dasselbe hört man von Friseuren, Metzgern oder Kassiererinnen. Eine Umfrage unter Reinigungsfirmen ergibt:

Das Bürgergeld (Hartz 4) tritt immer stärker in Konkurrenz zum Lohnerwerb. Auf einer Skala von eins bis zehn (größte Sorge) ergab sich ein Durchschnittswert von 8,8. Schlimmer geht's kaum. Experten schätzen, dass rund ein Drittel der erwerbsfähigen Bürgergeld-Bezieher schwarz dazuverdienen. Das macht 2,5 Milliarden Euro fehlende Steuern und Sozialabgaben. Wahnsinn!

Das neue Deutschland nach zwei Jahrzehnten völlig verfehlter, von Ideologie bestimmter Politik: Der Maurer lässt ein Dreivierteljahr auf sich warten, der Heizungsmonteur durchschnittlich vier Monate. Tischler sind kaum mehr zu kriegen. Weil die Aufträge nur so hereinprasseln und die Facharbeiter fehlen. Die Zeiten, die man durchschnittlich auf einen Handwerker warten muss, sind so lang wie noch nie in der Geschichte Deutschlands.

Dabei habe ich noch die Beschwörungen des Bundesverbands der Deutschen Arbeitgeberverbände (BDA) und des Zentralverbands des Deutschen Handwerks (ZDH) im Ohr, als sie uns Hauptstadtjournalisten 2015 im Auftrag der CDU-Kanzlerin ins Ohr säuselten: Bitte keine Kritik an den offenen Grenzen. Es kommen jetzt dringend benötigte Facharbeiter und Ärzte ins Land ...

Meine Frage schon damals, auch in meinen Sendungen, und damit machte man sich nicht gerade beliebt: Ist das wirklich euer Ernst?

Brandmauer als
Geschäftsmodell

In fröhlicher Satire liegt oft bittere Wahrheit. So schrieb mir ein Kollege, von dem ich das gar nicht erwartet hätte: »Lieber Peter, nun ist das Elektro-Auto endlich vom Tisch (oder besser: aus der Garage) und ich darf weiter meinen Diesel fahren ...« Hintergrund: Tesla-Chef, Hightech-Pionier und Multimilliardär Elon Musk hatte gerade (indirekt) Werbung für die AfD bei den Landtagswahlen in Bayern und Hessen gemacht.

Er teilte auf *Twitter*, das er zu *X* umbenannt hat, ein Video, in dem ein Nutzer namens Radio Genoa die deutsche Migrationspolitik kritisiert und zur Stimmabgabe für die AfD aufruft. Dort heißt es wörtlich: »Derzeit sind acht Schiffe deutscher NGOs im Mittelmeer unterwegs, um illegale Einwanderer einzusammeln und in Italien auszuladen. Diese NGOs werden von der Bundesregierung subventioniert. Hoffen wir, dass die AfD die Wahlen (in Hessen und Bayern) gewinnt, um diesen europäischen Selbstmord zu stoppen.« Dieses Video wäre vom stramm woken Vorbesitzer von *Twitter* sofort gelöscht worden, jetzt hatte es in Deutschland Millionen Klicks generiert.

Ist das E-Auto nun also vom Teufel, sozusagen kontaminiert? Darf man sich überhaupt noch sehen lassen in einem Tesla? In ein Berliner Taxi aus der Grünheider Produktion einsteigen? Ist nicht ein woker Mercedes mit Regenbogen-Reklame aus der Sindelfinger Diesel-Produktion das kleinere Übel? Schließlich hat Musk doch Ungeheuerliches getan, etwas völlig Unverzeihliches. Muss man das E-Auto jetzt »sofort rückgängig machen«? Manche, die als treue CDU/CSU-Wähler ihren dicken Diesel oder als treue Grünen-Wähler einen fetten SUV fahren, atmen erleichtert auf. Danke, Elon!

Ähnlich wird es Nancy Faeser gegangen sein, als die AfD im Bundestag einen Antrag zu ihrer Abberufung als Innenministerin stellte. Die Union enthielt sich nicht, nein, sie stimmte dagegen. Also zusammen mit der Ampel für Faesers Verbleib im Amt. Das kann doch nicht euer Ernst sein!

Andererseits gab es großes Geschrei aus den christdemokratischen, linken und grünen Reihen, als die Thüringer AfD vernünftigen, landespolitischen Anträgen anderer Parteien zur Mehrheit verhalf. Oder als blaue und grüne Kommunalpolitiker ausgerechnet in der Heimat der Grünen-Vorsitzenden aus guten Gründen gemeinsam abstimmten. SPD, Grüne, Linke und linke CDU-Granden schrien lautstark nach einer »Brandmauer«. Her mit der Brandmauer! Wo bleibt die Brandmauer?!

Zur gleichen Zeit hatte ich ein erhellendes Erlebnis: Hinter mir an einer Tankstelle stand ein Feuerwehrwagen, allerneuestes Modell. Die Kinder sprangen aus den Autos, die Väter hinterher, um das Rettungsfahrzeug zu bestaunen. Mütter wurden nicht gesichtet. Die betankten derweil die Autos und gingen zur Kasse. Ich fragte die Jungs vom Löschzug: »Sie müssen das doch wissen als Fachleute: Warum und vor allem wer braucht eigentlich Brandmauern?« Spontane Antwort wie aus einem Mund: »Brandmauern errichtet jemand, der Angst hat, der in Panik ist, dass aus einem Feuer ein Flächenbrand wird.«

Damit ist wohl auch die Wahnsinnsidee, das Wahlalter auf 16 Jahre zu senken, vom Tisch. Warum? In Bayern hat sich bei der letzten Landtagswahl herausgestellt, dass die Jugend (nicht nur bei den »Probeabstimmungen« in den Schulen!) mit hohem Prozentsatz für die AfD gestimmt hat. Das *Handelsblatt* titelte am Nachwahltag: »Die AfD wird zum Magnet für junge Wähler.« Und die *WELT* resümierte: »Die Alten retten Söder – AfD bei den Jüngeren stark.«

So wird man also »fortschrittliche« Ideen wie die Absenkung des Wahlalters und E-Autos los. Sollte die AfD also Maskenpflicht und weitere Masseneinwanderung fordern, um diesen Wahnsinn zu stoppen?

Und was ist, wenn die Blauen mal so aus Spaß behaupten, dass die Erde eine Kugel und zwei plus zwei vier ist ...? Sind wir dann auch dagegen? So aus Prinzip? Um Haltung zu zeigen?

Au weia, da kommt was auf uns zu. Das wäre doch ein Geschäftsmodell und Lobbyarbeit vom Feinsten: immer das Gegenteil von dem beantragen, was das Volk will.

Was ist uns eigentlich wichtiger? Eine vernünftige Politik oder die Abgrenzung gegen eine allzu populäre Partei? Die Wahrheit oder die Brandmauer? Als in Pirna ein dort hoch angesehener Tischlermeister zum Oberbürgermeister gewählt wurde, titelte die *Süddeutsche Zeitung*: »AfD-Tischler wird OB in Pirna.« Man spürte förmlich den Abscheu: Tischler ... igitt! Dann doch lieber bildungs- und lebenserfahrungsferne Kevins und Ricardas.

Und plötzlich ist sie nur naiv ...

Ist das wirklich euer Ernst? Das fragte ich in vielen Artikeln, Vorträgen, Interviews und in meinem letzten Bestseller *Das Maß ist voll!* Dafür bin ich nichts als gescholten worden. Das war Majestätsbeleidigung. Kritik an der Heiligen Greta von Sankt Klima? Das geht nun gar nicht. Damit war man raus aus dem Spiel. Nun ja, was soll's; ich halte es ohnehin mit Margaret Thatcher: »Und wenn ich alleine stehe – solange ich recht habe, ist das völlig in Ordnung.«

Cool bleiben! Auch bei dieser ewigen Nazi-Keule gegen Leute, die die Wahrheit sagen. Ich stimme der mutigen, jungen *ARD*-Kommentatorin Julia Ruhs zu: »Für am gefährlichsten halte ich den inflationären Nazi-Vorwurf, der mich auch diesmal nach dem *Tagesthemen*-Kommentar heimsuchte ... Hatte mir das vor einiger Zeit noch einen Schrecken eingejagt – schließlich ist dieser Vorwurf so schlimm, dass er jeden Deutschen auch schocken sollte –, löste es dieses Mal, ein paar Shitstorms später, nur noch ein Schulterzucken aus. Daran ist auch die linksgrüne Social-Media-Blase schuld. Irgendwann gewöhnt man sich dran, dass man in deren Augen ein ›Nazi‹ ist und bleibt.« (*FOCUS*)

Zu Greta: Die naive, perfide und nahezu perverse Heiligsprechung dieser schwedischen Schulschwänzerin durch führende Zeitgeist-Religionsbeamte und Opportunismus-Weltmeister unter den Politikern habe ich von Anbeginn für gefährlichen Schwachsinn gehalten. Ich muss mir nichts vorwerfen lassen. Und viele meiner (journalistischen) Freunde auch nicht. Alles belegt.

Es gab nichts, was diese (meist) Herren in ihrem peinlichen Populismus und ihrer anbiedernden Ranschmeiße nicht glaubten sagen zu müssen: »Mich erinnern die Freitagsdemos ein wenig an die biblische Szene vom Einzug Jesu in Jerusalem«, meinte der Berliner Erzbischof Heiner Koch. Sein Hildesheimer Kollege doppelte nach und sagte doch ernsthaft zu jener von ihren Eltern gnadenlos vermarkteten Greta: »Kreativ wie der Schöpfergott, geistreich wie der Heilige Geist und hellwach wie Jesus Christus.« Du meine Güte ...

Spitzenfunktionär Christian Stäblein der (untergehenden) Berliner evangelischen Kirche fantasierte gar: »In der Bibel nennt man Menschen, die ihre Umwelt wachrütteln, aufschrecken, mit der Wahrheit konfrontieren: Propheten.« Doch der Herr Theologe sollte wissen, dass Propheten immer Außenseiter waren und nie bejubelter Mainstream.

Der Gipfel war eine Oster-Botschaft der bayerischen lutherischen Kirche: Greta, abgebildet beim Wegtragen durch Polizisten bei der Demo in Lützerath, deklariert als der verratene Jesus, Polizisten als die Häscher. Perverser geht's nicht. Trotz späterer Entschuldigung der Kirche nach heftigsten Protesten. Wer auf solch eine blasphemische Idee kommt, muss sich über leere Gotteshäuser nicht wundern. Das Volk verlässt in Massen die ehemaligen Volkskirchen.

Die Synode der Evangelischen Kirche in Deutschland (EKD) erhob sich im November 2022 zu Ehren einer Greta-Abgesandten für einen minutenlangen Beifall. Jeder wollte etwas abhaben von ihrem Glanz, von ihrer Prophetie, von ihrem Jesa-Christa-Sein. Meine Güte, wie primitiv. Obwohl sich damals schon abzeichnete, dass es sich um eine im Kern antisemitische Truppe handelt, die offen gegen Israel hetzte nach dem Motto der Nationalen Sozialisten: Kauft nicht bei Juden!

Auch die Chefs »christlicher« Parteien überschlugen sich in weihrauchgeschwängerten Unterwerfungsgesten. Bayerns Ministerpräsident Markus Söder (CSU) begrüßte Gretas ergebene Epigonen auf der Zugspitze und schwurbelte: »Und ich bin der Markus .... ich finde es gut, was ihr macht.« Und Bundeskanzlerin Angela Merkel (CDU) sprach mit ihr bei der UNO (!) und empfing sie im Kanzleramt. Fehlten nur noch Hymnen und militärische Ehren. Mehr Idiotie ging nicht. Oder wuchs da zusammen, was zusammengehört? »Zwei Dinge sind unendlich: die menschliche Dummheit und das Universum. Aber beim Universum bin ich mir noch nicht ganz sicher.« (Albert Einstein)

Ja, es stimmt, was Fabian Nicolay auf *Achgut* schreibt: »Politik braucht Überhöhung: Helden, Ikonen, Haltung und Bewusstsein. Mit ihren Kulten um Personen, absoluten Ideen und Utopien entrückt jede postmoderne Politik irgendwann dem Sein bis zur Realitätsfremdheit.« Wirksam seien die Suggestionen der digitalen Pseudowirklichkeit, »die einer besonderen Ikonografie folgen, um Stimmung und Meinung zu machen. Die Kulte um Personen: Greta mit Pappschild, Migranten in Booten, Palästinenser als Opfer.«

Und jetzt kommen die (erwartbaren!) Hämmer, nachdem die Hamas am 7. Oktober 2023 brutale Terroranschläge gegen Israel verübte und Israel zurückschlug. Die Ikone Greta zeigte ganz offen ihren Antisemitismus. Offener geht es nicht. Ihre täglichen Auftritte und ihr Twitter-Account sprechen eine deutliche Sprache. So trat sie in Amsterdam auf, gemeinsam mit der Palästinenserin Sara Rachdan. Jene Rachdan ist nicht nur bekennende Juden-Hasserin, sondern eine schlimme Holocaust-Verharmloserin – für Greta null Problem.

Zwei Tage nach dem Angriff der Hamas auf Israel hatte ihn Rachdan auf *Instagram* bejubelt: »Ja, dieser Angriff wurde von der Hamas initiiert, aber es geht nicht um die Hamas. Es geht um den palästinensischen Widerstand. Das ist endlich ein palästinensisches Vorgehen gegen die Besatzung. Bitte unterstützt den Widerstand.« Doch nicht nur das. Rachdan behauptete sogar, dass Israelis Palästinenser vergasen, und zog dabei eine Parallele zum Holocaust: »Ich frage mich, wo wir das vorher schon mal gesehen haben ...«

Na, das ist doch wie beim Einzug von Jesus Christus in Jerusalem, Herr Erzbischof, oder?! Da zeigen sich doch Schöpfergott und Heiliger Geist ... Söders umjubeltes »Fridays for Future« geht eben nicht nur am moralischen Größenwahn zugrunde. Jetzt zeigt sich (endlich) das wahre Gesicht. Hatte der *Spiegel* nicht über Greta geraunt: »Selbst der Friedensnobelpreis ist womöglich nicht mehr weit – sofern man dem Gespür der Buchmacher traut.«

Der internationale Fridays-For-Future-Dachverband wirft Israel »75 Jahre ethnische Säuberungen« vor und einen »Genozid«. Er bezeichnet Israelis als koloniale Unterdrücker und behauptet, »westliche Medien« würden »Gehirnwäsche« zugunsten Israels betreiben. »Befreit Palästina«

lautet nun der Ruf der Klima-Kriminellen. Hurra! Synoden-Applaus im Stehen! Evangelische und katholische Religionsführer und deutsche Spitzenpolitiker als Anhänger von Verschwörungstheoretikern? Na, super ...

Der Präsident des Zentralrats der Juden in Deutschland, Josef Schuster (CDU), kritisierte derweil bei *WELT TV* Greta massiv – zuvor war nichts dergleichen zu vernehmen, auch nicht, als die Autistin allen Ernstes einen Doktor h. c. verliehen bekam: »Dass sie sehr, sehr naiv ist, steht – glaube ich – außer Zweifel.« Ach, außer Zweifel?! Wo waren Herr Schuster und seine CDU, als die Führer aus Staat und Kirchen sie anbeteten? Wer war denn da naiv? Und wer ist für die eingetreten, die – wie ich – damals schon die Naivität entlarvten und dafür diskreditiert, diskriminiert, ja eliminiert wurden, weil sie nicht im strammen Gleichschritt der Begeisterung mitmarschierten? Wo?! »Wer warnen will, den straft man mit Verachtung. Die Dummheit wurde zur Epidemie. So groß wie heute war die Zeit noch nie. Ein Volk versinkt in geistiger Umnachtung.« (Erich Kästner)

November 2023: der vom *ZDF* übertragene Gottesdienst zur Eröffnung der EKD-Synode in Ulm. Der bischöfliche Prediger redete über alles und nichts, nur kein Wort zu den gefährlichen Irrtümern der schwurbelnden Greta-Beweihräucherung, ja zu der Jubel-Arie der Vor-Synode. Nur allgemeines Geschwätz über Antisemitismus. Dabei ist der Gottesdienst *der* Ort für Schuldbekenntnis und Bitte um Vergebung. Nein, man geht einfach zur Tagesordnung über. Die Anlandung weiterer strammer Antisemiten durch Kirchen-gesegnete Schlepper-Schaluppen fest im Blick.

Den Vogel schoss der sogenannte Friedensbeauftragte der EKD ab: »Wir sagen klar, wer Gewalt gegen unsere jüdischen Geschwister gutheißt, hat die Kirche gegen sich.« Keine Silbe zur Kirchen-Kumpanei mit Gretas Antisemiten. Nicht eine!

Keine Rücktritte in Gretas deutscher Jubeltruppe. Noch nicht mal das Flehen um Verzeihung an die irregeführten Bürger von deutschen Kirchen- und Polit-Funktionären. Mir ist nichts bekannt. Noch nicht mal Scham.

Donald Trump war der einzige Staatsmann, der an jener Greta in der UNO, wo sie mit CDU-Merkel einträchtig plauschte, einfach achtlos vorbeiging und nach deren Rede sarkastisch twitterte: »Sie sieht aus wie ein sehr glückliches junges Mädchen, das sich auf eine strahlende und wundervolle Zukunft freut. So schön zu sehen!« Tu felix America! Deutschland dagegen hat ein drittes Motto gefunden: Nach »Wir sind Weltmeister« und »Wir sind Papst« nun »Wir sind gaga«.

Auch hier gilt wie bei »Corona«: Ich will Handschellen klicken hören! Und ich verlange die Rehabilitierung der Kritiker. Und wache Bürger sollten den Reformator Zwingli beherzigen, wie es an der Wand der Sakristei im Zürcher Großmünster steht: »Tut um Gottes Willen etwas Tapferes.«

Anne Frank, der Nikolaus und »christliche« Parteien

Dazu brauchte es gar nicht erst die »Ampel«. Die zu kritisieren ist inzwischen beliebter Gratismut. Wenn man bedenkt, wie einst (ältere) Konservative in Journalismus, Wirtschaft und Politik Testosteron-Wallungen bekamen, wenn Annalenchen vor sich hinplapperte. Wehe, man runzelte die Stirn. Oder beim Kinderbuchautor, der auf einmal nicht mehr so genannt werden wollte. Jetzt haben die Jubel-Truppen plötzlich Ladehemmungen und Demenz. Da »wallt« nichts mehr.

Nein, auch die Unions-Länder leisten ganze Arbeit. Und man fragt sich: Ist das wirklich euer Ernst? In Düsseldorf, dem zentralen Flughafen des CDU-regierten Nordrhein-Westfalen, gibt es zum Beispiel einzig für Muslime einen Gebetsraum. Von Christen hat man dort wohl noch nichts gehört. Im CDU-regierten Essen gab es im November 2023 die größte Islamisten-Demonstration für ein deutsches Kalifat, getragen von arabischen Judenhassern und linken Mitläufern. Die *Süddeutsche Zeitung* titelte: »Aufmarsch in NRW: Gegen Israel und für ein Kalifat in Deutschland.«

Tausende tobten auf den Straßen. Aber *WDR* und *NDR* versteckten die Bilder von diesem Ereignis. In der *Tagesschau* wurde zunächst gar nicht und schließlich nur verkürzt berichtet. Die Rundfunkräte der CDU fanden das offenbar nicht zu beanstanden. Wie auch der *RBB*, ausgestattet mit Massagesesseln und geöltem Parkett, darauf verzichtete, dem Fernsehpublikum die riesige »Gebets«-Demonstration mit israel- und judenfeindlichen Parolen am Brandenburger Tor zu zeigen und zu kommentieren. Warum? Aus Angst? Vor den Demonstranten? Vor den Antisemiten im linken Lager? Vor der »Macht der Bilder«?!

Gleichzeitig schaut die Polizei im CDU-regierten Berlin weithin tatenlos dem Straßenterror zu. Die legendäre Sonnenallee wird selbst von linken Zeitungen »Gazastreifen« genannt. Sogar manche türkische Taxifahrer trauen sich nicht mehr dahin, das habe ich selbst erlebt. Zur selben Zeit krönt das CDU-regierte Hessen seine »Migrationspolitik« damit, dass es das herrschaftliche Landgrafenschloss in Eschwege für »Schutzsuchende« öffnet. Fehlt nur noch die Evakuierung alter Menschen aus den Pflegeheimen, wie es kirchliche Einrichtungen schon praktizieren. Die Flüchtlingsindustrie blüht. Die Schlepper-Schaluppen mit kirchlichem Segen schaffen Nachschub.

Was jedoch dem Fass den Boden ausschlägt: Zur gleichen Zeit, in der Israel ums Überleben kämpfte und die deutschen Straßen dem Hamas-Terror die größten Plattformen boten, passierte im CDU-regierten Sachsen-Anhalt Folgendes: Das Kuratorium der Kita »Anne Frank« in Tangerhütte will die Einrichtung künftig nicht mehr nach dem tapferen jüdischen Mädchen benennen.

Eltern mit Migrationshintergrund könnten mit dem Namen oft nichts anfangen, so die unverblümte und zugleich heuchlerische Begründung. Nichts mehr anfangen? Oder wollen sie's einfach nicht, eben weil sie etwas damit anfangen können? »Das ist das beste Argument gerade gegen die Namensänderung«, konterte der Vorsitzende des Landesverbands Jüdischer Gemeinden: »Dieses Argument bedeutet, dass die Integration dieser Eltern in die deutsche Gesellschaft misslingt.« In einem CDU-Land!

»Wir wollten etwas ohne politische Hintergründe«, erläuterte die Kita-Leiterin der *Magdeburger Volksstimme* treuherzig. Man organisierte sogar eine Unterschriftensammlung unter den Eltern für einen neuen Namen. Und siehe da: Aus »Anne Frank« wurde plötzlich »Weltentdecker«. Welche Welt sollen denn die Kinder entdecken? Die aus den Schulbüchern von Gaza, finanziert (auch) mit deutschen Steuergeldern? Die Welt von Frau von der Leyen, unter deren Führung Europa immer tiefer in die Krise gerät?

Nach einer bundesweiten Empörungswelle wurde der Name »Anne Frank« schließlich beibehalten. Der Gemeinderat und das Stadtoberhaupt verurteilten schlagartig die Aktion als »politische Naivität und Geschichtslosigkeit.« Was ist los in unserem Land? Gibt es noch nicht mal mehr in Unions-geführten Ländern ordentlichen Geschichtsunterricht? Was nutzt aller Gottesbezug in den Landesverfassungen und dem Grundgesetz, wenn bildungsschwache Idioten mit ihrer Ideologie ängstlich dem Mainstream hinterherhecheln?

Weg also endlich mit der Mogelpackung »C«. Dieser dreiste Etikettenschwindel zählt nicht mehr in einer Partei, die doch tatsächlich beim Bundesparteitag im September 2022 ganz offiziell zu einer »*ökonomischen* (sic) Andacht« einlud. Freud'sche Fehlleistung oder neues Programm? Und als die Partei Adenauers und Kohls sich im Herbst 2023 optisch neu erfinden wollte, erntete sie Spott und Hohn. Generalsekretär Carsten Linnemann schilderte minutenlang die neuen Farben der CDU: »Cadenabbia-Türkis und Rhöndorf-Blau sind nach dem Urlaubs- und dem Wohnort Adenauers benannt. Sie stehen für Freiheit, Vitalität, Dynamik und für Sicherheit, Substanz, Kompetenz – so wollen wir die Zukunft gewinnen«, hieß es offiziell. Die neuen Farben haben nach seiner Aussage jedoch keinerlei Ähnlichkeit zur ÖVP. Doch das Türkis ist eindeutig die Farbe, die der ehemalige österreichische Bundeskanzler Sebastian Kurz seiner Partei 2017 verordnete – und damit die Wahlen gewann. Glaubt Linnemann, dass er die CDU mit solchen Farbspielen inhaltlich retten kann? Oder ist es ein Signal für den Untergang?

Da kann man nur mit dem Bundeswehr-Appell von 1958 des ersten Bundespräsidenten Theodor Heuss antworten: »Nun siegt mal schön!« Aber man muss wohl befürchten, dass die CDU einfach den Kompass verloren hat. Darüber können auch die aktuellen Umfragen nicht hinwegtäuschen.

Doch das war noch nicht alles: In einem zugehörigen neuen Videospot wurde ein »falscher« Reichstag gezeigt. Die Kuppel des georgischen Präsidentenpalastes in Tiflis krönte das Gebäude, das »Dem deutschen Volke« gewidmet ist – nach CDU-Lesart: den Leuten, die schon länger hier leben.

Doch man muss auch ein bisschen Erbarmen haben. Was will man von politischen Parteien mit »C« im Namen erwarten, wenn die Kirchen selbst dabei sind, das christliche Tafelsilber zu verscherbeln. Noch nicht mal für das berühmte Linsengericht. Nein, zum Nulltarif. Abtreibung, Sterbehilfe ... Alles keine Themen mehr. Im Gegenteil! Die (ehemalige) oberste Religionsbeamtin der EKD brachte es doch tatsächlich fertig, allen Ernstes ihre Forderung zur Impf-*Pflicht* so zu begründen: Es sei »wissenschaftlich erwiesen«, dass es keine Nebenwirkungen gibt. Das behauptet noch nicht mal die Firma BioNTech.

Und als selbst der größte Idiot und Ideologe im politischen Raum endlich begriff, dass Schluss sein muss mit der

Masseneinwanderung, erklärte jene Dame: »Grundsätzlich müsste unser reiches Land in der Lage sein, noch mehr Menschen aufzunehmen, die vor Krieg und unterschiedlichster Not aus ihrer Heimat fliehen und Zuflucht bei uns suchen.« Na, dann her mit den Pfarr- und Gemeindehäusern, war meine erste Reaktion. Her mit Domen und Kathedralen. Im Stechschritt mit dem Mainstream marschieren; das konnten die Amtskirchen immer schon prächtig.

Das vernichtende Urteil der *FAZ* über diese Zeitgeist-Kirche: »Sie agiert nicht, sondern reagiert im liberalen Mainstream der Gesellschaft, an den sie nicht den Anschluss verlieren möchte. Die passende Theologie wird notfalls nachgeliefert.« Wie bei der Union und den Grünen. Da wächst auch zusammen, was zusammengehört. Nur mal kurz in Hessen durch noch Schlimmeres abgelöst: eine Koalition mit Nancy Faesers Landespartei SPD.

Jetzt kommt genau das, was ich in früheren Bestsellern regelmäßig anprangerte und wofür ich von Arglosen und politisch Naiven und Geschichtslosen oft hart angegangen wurde: Es beginnt mit der Umbenennung von Weihnachts- in Wintermarkt, von St.-Martin-Laternenumzug in »Sonne-Mond-und-Sterne-Fest« – und endet bei der Auslöschung jüdisch-christlicher Traditionen und Namen. Es beginnt beim Genderstern und endet bei Pubertätsblockern.

Und wem das übertrieben scheint: Ausgerechnet in dem österreichischen Ort Plainfeld, wo von 14 Gemeinderäten 12 der »christlichen« ÖVP (also der Partei mit den Farben Türkis-Blau) angehören, wurde der Heilige Nikolaus 2023 aus dem Kindergarten ausgeladen. Die Kita-Leitung argumentierte mit »Diversität beziehungsweise kulturellen

Unterschieden«. Und im CSU-regierten Karlstadt eröffnete der Muezzinruf den weihnachtlichen Andreasmarkt.

Man möge sich das einmal umgekehrt vorstellen: In einem islamisch geprägten Land wie der Türkei oder Katar sollte auf eine Koran-Tradition verzichtet werden aus Sorge, dadurch könnten sich Menschen aus dem christlichen Kulturkreis unangenehm berührt fühlen ... Oder ein Koran »in gerechter Sprache«. Aber wenn Deutschland eines in Vollendung beherrscht, dann dies: vorauseilender Gehorsam und peinliche Unterwerfung. Und man merkt nicht, wie man sich gerade dadurch bei den Angebiederten lächerlich macht.

Die einst christlichen Parteien scheint das wenig zu stören. Sie vertreten eine ganz spezielle Form von Tol(l)eranz: Sie finden alles toll ... Wie sagte doch der nordrhein-westfälische Ministerpräsident Hendrik Wüst entlarvend: »Ein Muezzin-Ruf kann ein Beitrag zur Integration sein.« Noch Fragen?!

Gender-Grammatik aus der Steinzeit

Das primitivste Produkt aus der Palette »Ideologie und Idiotie« ist und bleibt das »Gendern«. Mittlerweile gibt es nicht nur hochbezahlte Arbeitsgruppen in allem, was von sauer erwirtschafteten Steuergeldern und Gebühren bezahlt wird, also Kommunen, Regierungen, Universitäten, Medien – nein, auch Firmen finanzieren und fördern diesen Irrsinn bereitwillig und unterwürfig.

Als Krönung haben wir inzwischen allein in Deutschland fast zweihundert hoch bezahlte »Leer«stühle mit allem Drum und Dran für diese Steinzeit-Ideologie. Für Millionen und Abermillionen wertvolle Euro. Das wichtige Zukunftsfach Kernforschung speist die Politik dagegen mit gerade mal acht Lehrstühlen ab. Ist das wirklich euer Ernst?!

Dabei könnte man diesen ganzen sprachlichen Stuss mit Unter-, Ober-, Quer- und anderen Strichen, mit Binnen-I, Sternchen und den »-innen«, den Studierenden und Radfahrenden viel billiger haben. Man könnte Regenwälder retten und viel Zeit und (falls vorhanden) Gehirnschmalz sparen: Allen, die meinen, sie seien nicht mitgemeint, einmal ganz schlicht und einfach die Grammatik erklären. Mehr braucht's nämlich nicht.

Frankreichs lange Zeit so umjubelter Präsident Emmanuel Macron hat das getan und damit kurzerhand das Gendern in der französischen Amtssprache verboten. Allein die Grammatik reicht. Ein paar Stunden in der Volkshochschule. Selbst Klippschüler begreifen das, wenn sie nur wollen.

Noch mal zum Mitschreiben: Die deutsche Sprache integriert alle. Sie ist inklusiv und schließt niemanden aus. Die Begründung für die vermeintliche Notwendigkeit einer »geschlechtergerechten« Sprache fußt nicht nur auf einem sachlich falschen, sondern auch auf einem hoffnungslos antiquierten Konzept: das grammatische Geschlecht sei stets auf das biologische Geschlecht rückführbar. Dieses Konzept ist uralt! Es stammt aus dem 18. Jahrhundert, aus der deutschen Romantik (Jakob Grimm).

Diesen Wahnsinn verteidigt die Gender-»Forschung«

jedoch bis aufs Messer. Aus einem einfachen Grund: Man will das ideologisch-idiotisch-verschwörerische Narrativ von der männlichen Sprachherrschaft nicht aufgeben. Deshalb die Fakenews über das generische Maskulinum. Jedoch kein Wort über »das Kind«, »die Person« und andere Selbstverständlichkeiten geschlechtsübergreifender Nennungen.

Man ist mit allen Klimmzügen sprachlicher Idiotie bestrebt, dieses »Maskulinum« tunlichst aus allen Texten und Reden zu verbannen und es durch umständliche, oft missverständliche Wendungen zu ersetzen. Ganz furchtbar ist das und viel schmerzhafter als eine Wurzelbehandlung beim Zahnarzt: Partizipien werden auf Teufel komm raus in »geschlechtergerechte« Bezeichnungen umgewandelt. Mitarbeiter werden zu »Mitarbeitenden«, Studenten zu »Studierenden«, Bäcker zu »Backenden«. Nur Irre nicht zu Irrenden ...

Ein gewaltiger Aufwand, um den Gebrauch einer Form zu vermeiden, die seit Jahrhunderten von Sprechern, Hörern und Lesern problemlos verwendet und verstanden wird: das »generische Maskulinum« als geschlechtsneutrale Form.

Der Sprachwissenschaftler Eckhard Meineke bringt eine Kategorie ins Spiel, die von den Aktivisten des Gender-Wahns tunlichst verschwiegen wird: den »verständigen« Hörer und Leser, der also das Deutsche beherrscht und aus dem inhaltlich-kulturellen Zusammenhang des Gesagten weiß, wie es zu verstehen ist.

Ein »verständiges Publikum« verfügt also über die kognitive Fähigkeit zu erkennen, dass die »Einwohner Berlins«

eben nicht ausschließlich Männer sind, sondern sämtliche Bewohner umfassen. Jedenfalls mehr als die Berliner*innen, die es in der deutschen Sprache nicht braucht. »Die hierfür erforderliche Abstraktionsleistung erbringen bereits Kinder«, so die *WELT* richtig. Oder müssen wir etwa demnächst von Wanner*innen-Eickler*innen sprechen, um beiden Stadtteilen gerecht zu werden?!

Wer sich dieses Gender-Gaga gefallen lässt, kapituliert letztlich vor der Sprachpolizei und hat ein höchst niedriges Selbstwertgefühl. Er gesteht, erst noch belehrt werden zu müssen, dass es sich bei Einwohnern auch um Einwohnerinnen handelt. Damit lässt er sich willentlich für dumm verkaufen und geistig unterfordern.

Wer diese Strich- oder Sterne-Orgien praktiziert, exkommuniziert Lern- und Leseschwache oder Ausländer aus der verbindenden Sprachgemeinschaft, auch die viel umsorgten Schutzsuchenden. Wer in aller Welt soll denn diesen Unfug lernen bei unserer ohnehin schon schweren Sprache?!

Was ist die Lösung? Sich schlicht und ergreifend an die Grammatik halten! Da sind doch alle längst ein-, und niemand ist ausgeschlossen. Und an den Willen der Mehrheit, die diesen Gaga-Sprech nicht will. Das nennt man Demokratie.

Übrigens wird das Ziel solcher »wissenschaftlicher« Gender-Forschung immer schon verräterisch vorgegeben: Ihre Ergebnisse sollen dazu beitragen, das Bewusstsein der Menschen durch die Prägung der Sprache zu formen. Dies ist ein im tiefsten Sinne autoritäres Konzept.

Steter Tropfen höhlt den Stein. Ich bestelle alles ab oder

schicke es zurück, was mir mit Gender-Gaga daherkommt. Und wer mich als Spender*in oder Spenderinnen und Spender meint anreden zu müssen: Tschüss! So ist mein Briefkasten leer und das Bankkonto voll.

Wir schaffen das (ab)!

Wir schaffen das! Oder schaffen wir ab? Letztlich geht es seit 2015 doch eher ums Abschaffen. Wir wollten ein gutes Deutschland sein, deshalb bejubelten Hunderte Delegierte die »Wir schaffen das!«-Kanzlerin auf den CDU-Parteitagen. Haben sie nicht gemerkt, dass sie dabei ihren Verstand abgeschafft, zumindest abgeschaltet hatten? Zum Schluss waren es 16 Minuten Applaus im Stehen, dazu die allerhöchsten Orden der CDU/CSU-Länder Bayern und Nordrhein-Westfalen.

Sie wollten, wenn schon keinen Sozialismus, dann doch wenigstens ein Deutschland mit menschlichem Antlitz. Sogar Abschiebungen sollten »mit freundlichem Gesicht« vollzogen werden, so die Heilige Teresa der Schutzsuchenden: »Ich muss ganz ehrlich sagen: Wenn wir jetzt anfangen, uns noch entschuldigen zu müssen dafür, dass wir in Notsituationen ein freundliches Gesicht zeigen, dann ist das nicht mein Land.« Was wohl im Klartext heißen sollte: Wer anders denkt, ist unerwünscht.

Dieses neue Deutschland (eigentlich: »Land« ohne »Deutsch« wie »Mannschaft« ohne »National«) sollte für eine »offene« (also nicht grenz-»dichte«) Gesellschaft stehen, wo »schon länger hier Lebende« mit der bunten Schar von schutzsuchenden Frauen und Kindern zusammenleben durften.

Wir schaffen das! Mit dieser Parole schafften wir unseren Verstand, unsere Augen und Hirne ab zugunsten weicher Herzen und großer Gefühle. Es kamen nämlich nur wenige schutzsuchenden Frauen und Kinder, sondern vor allem junge Männer aus Syrien, Afghanistan, Nordafrika usw. Auf Kirchen- und Staatssteuer-Kosten mit Schlepper-Schaluppen herbeigeschifft. Und unsere Integrationspolitik schaffte nicht die Parallelgesellschaften ab. Nein, im Gegenteil: Sie schuf neue. Und größere. Wie viele das waren, sah man dann plötzlich, als die Hamas über die Dörfer in Israel herfiel.

Dummerweise hatten wir aber auch ganz nebenbei die Polizei abgeschafft oder eben mal unter generellen Verdacht gestellt. Die sieht nur noch zu. Sie ist schließlich ermüdet vom Einsatz gegen Masken verweigernde Omas, gegen staatsgefährdende Coronaleugner oder die Reichsbürger-Opas. Als die Hamas schon Hunderte Juden ermordet und auch Deutsche als Geiseln verschleppt hatte, waren für die Ministerpräsidenten von Hessen und Nordrhein-Westfalen noch immer die »Reichsbürger« oder die AfD die größten Gefahren und Feinde unserer Demokratie. Ist das wirklich euer Ernst? Kann man abgeschaffte Gehirne vielleicht wieder einbauen?

Ja, wir schaffen das: neue Schulen zum Beispiel, in denen kaum mehr jemand lesen und schreiben kann. Von Mathematik oder identitätsstiftender, gesellschaftsverbindender Kultur ganz zu schweigen. Allein in Berlin kündigten in den letzten Jahren Tausende Lehrer ihren Job, der »Wir schaffen das!«-Lyrik müde. Integration, Inklusion, Indoktrination – das war ihnen dann doch zu viel. Sie schafften sich ab – statt zu schaffen und gingen nach Hause.

Dieses Kapitel schreibe ich in den USA. Wer es hier wagen würde, die alle einende Fahne abzuschaffen, der wäre erledigt. Als die »Wir schaffen das!«-Ikone in jener berühmten Wahlnacht 2013 ihrem damaligen Generalsekretär Hermann Gröhe wütend die Deutschlandfahne entriss und sie entsorgte, als ginge von Schwarz-Rot-Gold die Pest aus, standen die Laschets, Gröhes und von der Leyens wie ertappte Grundschüler dabei. Niemand hatte den Mumm, der Abschafferin in die Parade zu fahren. Zivilcourage ist längst abgeschafft. Sogar ein Nationalfeiertag ohne Nationalfarben ist bei uns möglich. Weltweit völlig einmalig. Und wer klug ist, schafft sich rechtzeitig Halbmond-Fahnen an.

Ja, irgendwie wird das nichts. Jetzt schaffen sich selbst die Jubeltruppen ab. Die »Haltungs«-Politiker werden stiller und stiller. Die einst laut tönenden preisgekrönten »Haltungs«-Journalisten wollen es plötzlich gar nicht mehr schaffen, stattdessen schaffen sie ihre Kinder aus der Gefahrenzone. Schöne Schulen außerhalb der Brennpunkte, Wohlfühloasen für gut Betuchte. »Wir schaffen das!« war gestern; auf der *Titanic* haben sich auch die Falschen zuerst gerettet.

»Schaffen wir das?« Im November 2023 wagte die *FAZ* doch glatt diese kühne Frage über den Leitartikel zu setzen: Ja, das gleiche Blatt, das der »Wir schaffen das!«-Kanzlerin jahrelang nicht genug Kränze winden konnte und (wie alle anderen auch) nie Gift genug hatte, das sie gegen die sanfteste Kritik am segensreichen Wirken von CDU und CSU zu verspritzen vermochte. Plötzlich ein Fragezeichen. Ein echtes Fragezeichen! Wie haben sie das nach acht Jahren bloß endlich geschafft?

Wörtlich, so als hätte man jegliche Haltung abgeschafft, heißt es: »Was wurde nicht alles jahrelang für unmöglich bis extremistisch gehalten: Grenzkontrollen, Nachdenken über das Asylrecht, Kürzungen von Sozialleistungen, konsequente Abschiebungen ... Schon damals gab es Warnungen, dass wir uns fremde Konflikte ins Land holen.« Man reibt sich die Augen: Ebenjener »Wir schaffen das!«-*FAZ* waren doch genau diese Pegida-Positionen reinstes Teufelswerk gegen die göttliche Kanzlerin.

Eines ist sicher: Der seriöse Journalismus hat schweren Schaden genommen und sich möglicherweise sogar abgeschafft. Vielleicht auf immer. Die Restbestände tummeln sich höchst erfolgreich auf alternativen Plattformen. Die Auflagenzahlen der »Wir schaffen das!«-Industrie befinden sich in rasender Talfahrt. Ja, so schafft man sich selber ab. Die anderen müssen jetzt weiterschreiben, was ist. Und sich mit nichts gemein machen; auch nicht mit Gutem.

Abgeschafft ist auch der richtige Zeitpunkt für aufrichtiges Bitten um Verzeihung für all die Irreführung, die Fakenews. Den wahren Charakter eines Menschen erkennt man daran, wie er um Verzeihung bittet: »Ruiniere niemals eine Entschuldigung mit einer Ausrede«, so Benjamin Franklin. Oder Kollege George Washington: »Es ist besser, keine Entschuldigung als eine schlechte anzubieten.«

Um Verzeihung zu bitten bedeutet nicht immer, dass der andere recht hat. Es bedeutet nur, dass man eine Beziehung mehr schätzt als das eigene Ego. Aber Beziehungen haben wir mit einigen Lockdowns ja auch beinah abgeschafft ...

Und zwischendurch – inmitten von Krieg und Klima – hat man sogar Corona abgeschafft. Alles war doch geplant für den Herbst 2023: neue Impfkampagnen, neuer Maskenzwang, ja sogar Lockdowns. Bloß nicht die Angst abschaffen! Wir schaffen das ... Doch dann kam zum Krieg in der Ukraine auch noch der Konflikt in Israel. Der Frieden war abgeschafft. Selbst Pazifisten schafften sich ab und wurden zu Kriegstreibern übelster Sorte. Das gilt allerdings nur für die Ukraine, wohin sie Waffen und Währung schaffen. Die Hamas abschaffen? Das ist zu viel! Die Polizei bietet ein Trauerspiel an Hilflosigkeit.

Auch die Stabilität von Währung und Wirtschaft wird systematisch abgeschafft. Während unsere Weltenretter CO_2-freundlich um den Globus jetten, suchen sich Handwerk und Mittelstand Insolvenzverwalter. Wir waren dabei? Mitnichten! Politiker wollen sich partout an nichts mehr erinnern. Ob »Cum-Ex« oder »Team Vorsicht«. Das kennen wir aus der deutschen Geschichte. Da wird das Erinnerungsvermögen einfach abgeschafft.

Nur eins wollten sie auf keinen Fall abschaffen, unsere Politiker: ihre Pfründe, ihre Posten. Dann doch lieber die (alten) Positionen abschaffen.

So treffen sich wie so manches Mal in der Geschichte Idiotie und Ideologie und verbünden sich zu einer neuen Abschaff-Gesellschaft: weg mit der Freiheit, der Sprache und der Kultur. Weg mit dem Grundgesetz und der Gerechtigkeit. Weg mit den Goethe-Instituten und den Dichtern. Weg mit Gott und seinen Geboten. Wir schaffen das! Wir

haben – ganz oben im Staat – die weltweit schaffensfreu-
digsten Abrissbirnen.

Ja, diese »Wir schaffen das!«-Lyrik ist eine gigantische
Täuschung, die an der Realität zerschellt wie die *Titanic* am
Eisberg. Doch die Kapelle spielt bis zum Schluss. Die Kapi-
täne haben sich längst aus dem Staub gemacht. Der Lüge
bereiten sie eine bunte Willkommenskultur, in München
mit Teddys gefeiert. Ja, fassen sich diese Herrschaften auch
mal an ihren hohlen Kopf?!

»Die geistigen Erben dieser Horror-Kanzlerin regieren
bis heute, im Bund und in den Ländern«, kommentiert Ju-
lian Reichelt. »Es war immer klar, dass das eine Lüge war,
aber in diesen Tagen fliegt die Lüge mit wehenden Al-Qai-
da-Flaggen auf. Das Problem ist: Wir sind diesem Wahnsinn schutzlos ausgeliefert.«

Statt schutzsuchenden Frauen und Kindern, statt tüchti-
gen Ärzten und Facharbeitern kommen junge Glücksritter,
die einfach besser leben wollen und sei es mithilfe unseres
Sozialstaats. Im Gepäck haben sie außer zerrissenen Pässen
und teuersten Smartphones ihren anerzogenen Antisemitismus und Hass auf Christen. »Uns wurden plötzlich Menschen geschenkt«, jubiliert eine wirre Obergrüne. Welch
ein Irrtum. »Sie leben in Deutschland – aber nicht mit den
Deutschen«, schreibt der *Focus* zu Recht.

Keineswegs nur Politiker (nicht zuletzt in der Union)
haben sich die Welt schöngeredet. Auch die angeblich
so nüchtern denkenden Manager hofften, von der unbe-
grenzten Masseneinwanderung profitieren zu können. Ich
könnte von irren »Hintergrundgesprächen« mit wirren
BDI- und BDA-Funktionären berichten. Nachdem 2015 be-

reits 800 000 »Ärzte und Facharbeiter« ungehindert nach Deutschland geströmt waren, sah der damalige Daimler-Chef Zetsche in ihnen »eine Grundlage für das nächste deutsche Wirtschaftswunder«. Begründung: Wer sein komplettes Leben zurücklasse, sei hoch motiviert. »Genau solche Menschen suchen wir bei Mercedes und überall in unserem Land.« Ach ja?! Es gab damals einen Überbietungswettbewerb unter den Konzernen, wer dem ungeregelten Massenzustrom die besten Seiten abgewinnen kann. Inzwischen ist die deutsche Wirtschaft im taumelnden Absturz begriffen, allen voran die Automobilindustrie. Und die Deutschen? Kaufen bald ihre Autos in Korea, Japan und China.

Hatten diese Herren jemals Hirn? Haben sie es kurzzeitig abgeschafft? Oder waren sie auf dem Trip des Vettern-Wirtschaftsministers: Ihr seid nicht (intellektuell) pleite, ihr hört nur ein bisschen auf zu arbeiten – sprich: zu denken. So wird der deutsche Michel zum Opfer einer verschranzten Politik. Ein Land voller Hofschranzen. Und die stehen sogar noch unter Schranzenschutz einer politisch handverlesenen Gerichtsbarkeit.

Statt Wahrheit nur noch Lüge. Aber das Schlimmste ist: Den, der vor 2000 Jahren gesagt hat: »Nur die Wahrheit macht euch frei«, hat man auch abgeschafft – vor allem in den Kirchen. Wer redet schon noch von Jesus Christus, wo man Greta feiert und dem »queeren Gott« den Weg bereitet?! Vor fast hundert Jahren prophezeite bereits der Vater des *Kleinen Prinzen*, Antoine de Saint-Exupéry: »Wenn Menschen gottlos werden, dann sind Regierungen ratlos, Lügen grenzenlos, Schulden zahllos, Besprechungen ergebnislos, dann ist Aufklärung hirnlos, sind Politiker charakterlos, Christen gebetslos, Kirchen kraftlos, Völker friedlos, Sitten zügellos, Mode schamlos, Verbrechen maßlos, Konferenzen endlos und alle Aussichten trostlos.«

Ohne Gott ist kein Staat zu machen. Das ist mein Ernst. Das ist weder Idiotie noch Ideologie. Das ist lebendige Hoffnung, Gewissheit und Zuversicht. Grund, nicht zu verzweifeln. Wer sich auf Gott und seine Gebote verlässt, ist nicht verlassen. Auch ein Staat nicht. Das wussten die Väter und Mütter unseres Grundgesetzes, als sie nach der Katastrophe der Selbst-Vergottung des Menschen während der Zeit des Nationalsozialismus mahnend an dessen Anfang setzten: »In Verantwortung vor Gott.« Sich dieser Wurzeln unserer Herkunft wieder zu besinnen ist der Schlüssel für die Zukunft.

Das haben wir nicht verdient!

Peter Hahne
DAS MASS IST VOLL
In Krisenzeiten hilft
keine Volksverdummung
144 Seiten
ISBN 978-3-86995-120-1

Maskendeals mit Millionenprovision. Eine Lockdown-Politik, die Mittelständler in die Existenznot zwingt. Medien, die normale Spaziergänger zu Radikalen machen. Kirchen, die alte Menschen beim Sterben allein lassen. Oder ein Schulbetrieb, der Kinder krank macht. Nicht erst seit Corona wird deutlich: Die Eliten in ihrer Parallelgesellschaft haben den Draht zu den Bürgern verloren und wissen nichts mehr vom normalen Leben. In altbewährter Weise spießt Bestsellerautor Peter Hahne die Themen unserer Zeit auf und fordert: Schluss mit Heuchelei und Klientelpolitik. Das Maß ist voll!

Quadriga

Zwei Spiegel-Bestseller in einem Band

Peter Hahne
NICHT AUF UNSERE
KOSTEN!
Aufstand gegen Lug
und Trug der Eliten

256 Seiten
ISBN 978-3-404-07005-3

Wichtig vor allem in Corona-Zeiten: Peter Hahne schreibt Klartext – und entlarvt die Dummschwätzer und Blender unserer Zeit. In seinen Bestsellern SCHLUSS MIT EUREN EWIGEN MOGELPACKUNGEN und SEID IHR NOCH GANZ BEI TROST bringt er die dreisten Lügen aus Politik und Gesellschaft auf den Punkt und bezieht klare Stellung. Er mahnt: Wir dürfen uns nicht für dumm verkaufen lassen, müssen Probleme benennen und wieder fair und ehrlich zueinander sein. Nun gibt es die beiden Bestseller endlich in einem Taschenbuch.

Quadriga

BESTSELLER
NEUAUFLAGE

LEID
und wo bleibt Gott?

PETER HAHNE

Peter Hahne
Leid – und wo bleibt Gott?

„Wo war Gott in Japan?", fragte DIE ZEIT nach dem schrecklichen Erdbeben und der Reaktorkatastrophe von Fukushima.

„Mein Gott, warum?", klagte die BILD nach dem schrecklichen Fund einer Kinderleiche. Warum das Leid? Diese uralte Frage stellt sich immer wieder neu.
Trauer und Tränen, Katastrophen und Kriege, Verzweiflung und Schmerzen: Von Leid ist jeder betroffen. Und die Frage nach Gott in all dem Leid schreit zum Himmel. Sie trifft Christen und Zweifler gleichermaßen.

Peter Hahne bietet keine Patentantworten, sondern Lebenshilfe. Er zeigt, wie Menschen mit Leid fertigwurden, was sie tröstet und ihnen neue Hoffnung gibt.

Gb., 160 S., 11 x 17 cm
Best.-Nr. 271947
ISBN 978-3-86353-947-4